Gewohnheiten ändern für mehr Erfolg im Leben

Mit der Macht der Gewohnheit ihr Leben verbessern und mit Disziplin Ziele erreichen.

+ Bonus Kapitel für mehr Produktivität und Persönlichkeitsentwicklung

Stefan Sorger

D1728012

Haftungsausschluss

INHALT

VORWORT

Gewohnheiten ziehen sich durch unser gesamtes Leben. Sie verstecken sich in unserem Alltag und sind da, selbst dann, wenn wir sie nicht sehen. Sie sind wie ein unsichtbarer Begleiter an unserer Seite und formen, machen uns zu dem Menschen, der wir sind!

Bereits am Morgen, wenn wir aufstehen und zuerst den Kaffee ansetzen, unterliegen wir einer Art Gewohnheit. Auch das kleine Ritual, welches wir jeden Abend vor dem Zubettgehen ausführen, hat etwas mit einer Gewohnheit zu tun. Doch die Liste lässt sich noch weiterführen. Wenn wir mit Freunden reden und ihnen eine Frage stellen, wissen wir manchmal schon, wie sie reagieren. Und warum? Weil wir es schlicht und einfach gewohnt sind.

Gewohnheiten sind allgegenwärtig. Diese lassen sich wiederum auch in gute und schlechte trennen. Natürlich liegt diese Sichtweise auch im Auge des Betrachters! Positiv und negativ kann nicht pauschal beurteilt werden! Beide

„Richtungen" sind normal und weil bei einem Menschen ein paar schlechte Gewohnheiten durchscheinen, muss er noch keinen schlechten Charakter haben. Im umgekehrten Fall machen gute Gewohnheiten nicht sofort einen Menschen, der bei seinem Umfeld rundum beliebt ist. Denn zu beiden Ansichten gehört noch einiges mehr!

Denn hinter einer Gewohnheit kann sich noch so viel mehr verbergen. Was verstehen Sie überhaupt darunter und welche Arten dieser Eigenschaft gibt es? Haben Sie sich schon einmal gefragt, was unser Unterbewusstsein damit zu tun hat? Dann werden Sie es auf den folgenden Seiten feststellen und vielleicht überrascht sein.

Lernen Sie auch die Wege des Ausbruchs kennen. Wie können Sie von gewissen Gewohnheiten Abstand nehmen und diese sogar zu Ihrem Vorteil verändern? Brechen Sie aus der Routine aus und gehen Sie völlig neue Wege! Gehen Sie Schritt für Schritt vor, hinein in ein völlig neues Leben!

Doch nichts geschieht von heute auf morgen. Sie brauchen sehr viel Disziplin und wie Sie diese erlangen und auch auf Dauer aufrechterhalten können, werden Sie ebenfalls schon bald in Erfahrung bringen. Lenken Sie alles ins Positive und ebnen Sie sich den Weg zum Erfolg.

Doch ist dafür überhaupt eine andere Gewohnheit vonnöten? Rätseln Sie nicht länger darüber, sondern finden Sie es heraus. Finden Sie eine Antwort auf die Frage, ob erfolgreiche

Menschen vielleicht andere Gewohnheiten haben, als Sie selbst. Lernen Sie von Ihnen und treten Sie in die gleichen Fußstapfen.

Sie haben alle Möglichkeit und können Ihren eigenen Erfolg selbst bestimmen. All die Dinge, die Sie jeden Tag ausführen, können einen großen Teil dazu beitragen. Finden Sie die innere Ruhe und Gelassenheit, die Sie brauchen, leben Sie einen Rhythmus, der zu Ihnen passt und fühlen Sie das Glück. Was unmöglich klingt, kann mit ein wenig Übung und Zeit schon sehr bald zu Ihrem Leben gehören. Verbreiten Sie Ihre Ideen, behalten Sie nichts für sich und erfahren Sie Neues! Das ist Ihr Weg und Ihre eignen Gewohnheiten helfen Ihnen dabei.

Es gibt so viel, was Sie motivieren kann! Sie haben es in der Hand.

Die Macht der Gewohnheiten ist ein weites Feld. Sie begleitet und fördert das Handeln eines jeden Menschen! Tauchen Sie ein in eine Welt, die Sie so nie kennengelernt haben. Lernen Sie Ihre eigenen Gewohnheiten besser kennen und erlernen Sie neue, um Ihr Leben so zu beeinflussen, wie Sie es sich schon immer gewünscht haben!

Viel Freude und Spaß beim Entdecken eines neuen Alltags!

Stefan Sorger

GEWOHNHEITEN

Wissenswertes

Jeder hat das Wort „Gewohnheit" schon einmal gehört, doch was genau verbirgt sich dahinter? Der Begriff entspringt der lateinischen Sprache und ist dort auch unter „Usus" bekannt.

Es umschreibt eine Reaktionsweise, die unter gleichartigen Bedingungen entwickelt worden ist. Weiter ausgebaut wurde diese durch Wiederholungen und Bedingungen, die immer wieder einem gleichen Schema entsprechen. Diese werden nicht bewusst unterdrückt.

Kommt es doch zu einer derartigen Veränderung, brechen Menschen aus dieser Gewohnheit aus und nehmen dem Wort selbst die Kraft.

Gewohnheiten können sich auf ganz unterschiedlichen Ebenen finden. Sie sind in den Bereichen des Fühlens, Verhaltens, aber auch Denkens angesiedelt. Eine genauere Darstellung wartet noch in diesem Kapitel auf Sie.

Betrachten wir dieses weite Feld einmal kurz in Bezug auf

die Biologie! Haben Sie gedacht, dass Gewohnheiten nur bei uns Menschen existieren? Wenn ja, dann haben Sie sich getäuscht, denn Sie sind verbreiteter, als die meisten Interessierten überhaupt denken! Bereits die ganz kleinen Tiere, sogenannte Einzeller, können bestimmte Vorlieben und Abneigungen ganz klar abgrenzen. Diese Gewohnheiten sind von außen sogar sichtbar. Sie verfügen über ein Lernvermögen, welches durchaus als erstaunlich eingestuft werden kann.

Beim Menschen selbst nimmt es ganz andere „Ausmaße" an. Es ist viel ausgeprägter und kann sogar aktiv beeinflusst werden. Es wird immer wieder erweitert. Allerdings beginnt all dies erst ungefähr im fünften Lebensjahr. In diesem Alter ist das Denken klar und jede Gewohnheit braucht ein Gedächtnis. Wenn dies in seinen Zügen ausgeprägt ist, kann man auch von einer richtigen Gewohnheit sprechen!

Gewohnheiten im Überblick

Wo Gutes ist, verbirgt sich auch oft schlechtes. Was im ersten Moment nicht so schön klingt, ist aber leider Realität. Aber ist das wirklich so schlimm? Eigentlich nicht, denn alles braucht ein Gegenstück: Auch die Gewohnheiten, welche das Leben zu dem machen, was es ist. Sie formen uns und machen uns zu einem Individuum.

Doch wie sehen sie aus, die guten und schlechten Angewohnheiten? Es ist leider kaum möglich, alle Varianten aufzuzählen. Aus diesem Grund finden Sie im nachfolgenden nur eine kleine Auswahl! Wer weiß, vielleicht finden Sie sich in den folgenden Beispielen auch selbst wieder!

Beispiele für gute Gewohnheiten

1. Fünf Minuten täglich Lesen

Was für Sie banal klingt, reiht sich jedoch ganz klar in die guten Gewohnheiten der Menschen ein. Wenn Sie alles richtig machen wollen, lesen Sie ein Buch, das Sie wirklich inspiziert, Ihren Geist beflügelt und die Seele ins Gleichgewicht bringt.

Es muss sich dabei nicht um ein Buch über Religion, oder besondere Weltanschauungen handeln. Wichtig ist, dass Sie Ihren Geist ziehen lassen können und Zeit zum Durchatmen finden. Sie können entspannen und bilden sich ganz nebenbei auch noch weiter!

Ganz gleich, ob Roman, Sachbuch, oder sogar Bibel: Sie haben die Wahl und kennen sich und Ihre Vorlieben am besten.

Nehmen Sie sich die Zeit, die Sie haben, ganz ohne Druck! Schon fünf Minuten am Tag können ausreichen, um mit dieser guten Angewohnheit Ihr ganzes Leben positiv zu beeinflussen. In diesem Sinne: Suchen Sie sich ein ruhiges Plätzchen und machen Sie es sich so richtig gemütlich. Schlagen Sie Ihr Lieblingsbuch auf und finden Sie Ihr Gleichgewicht.

Kleiner Hinweis: Wenn Sie lieber Zeitschriften lesen, können Sie natürlich auch zu diesen greifen. Alles was Sie mögen und in eine positive Stimmung versetzt, ist erlaubt.

2. Einmal am Tag Obst und Gemüse essen

Na, das ist doch sicherlich kein Problem! Bestimmt spulen Sie jetzt Ihren gesamten Alltag vor Ihrem inneren Auge ab und stellen fest, dass Obst und Gemüse doch selbstverständlich sind. Aber essen ist nicht gleich essen! Überlegen Sie noch einmal ganz genau: Wann nehmen Sie es zu sich? Stehen diese gesunden Lebensmittel wirklich jeden Tag auf Ihrem Speiseplan? Hier können schon die ersten Zweifel aufkommen! Und wie verhält es sich mit den „schlechten" Nahrungsmitteln? Neigen Sie dazu, Chips oder andere Dinge vor dem Fernseher zu verzehren?

Es gibt in jedem Leben genug Situationen, die uns schwach werden lassen und uns dazu verführen, Dinge zu essen, die alles andere als gut für uns sind!

Es ist die Macht der Gewohnheit: Beim Einkaufen muss es der Schokoriegel an der Kasse sein, oder nach Feierabend die süße Limonade!

Es gibt einen Weg, dieser ungesunden Lebensweise zu entkommen: Ersetzen Sie diese durch eine bessere Verhaltensweise. Trinken Sie statt süßen Getränken lieber Wasser mit Geschmack und verzichten Sie auf Chips vor dem Fernseher: ein Apfel schmeckt doch auch! Wie Sie etwas ersetzen, liegt ganz bei Ihnen: Sie wissen am besten, welches Obst oder Gemüse Ihnen schmeckt!

Ein Apfel oder eine Tomate am Tag kann schon der Anfang sein! Nehmen Sie es in Ihre Routine auf und Sie sind um eine gute Gewohnheit reicher!

3. Aufschreiben, wofür Sie dankbar sind

Manchmal läuft das Leben einfach nicht nach Plan! Bestimmte Ereignisse bringen Sie an Ihre Grenzen und lassen irgendwann Fragen aufkommen, warum denn alles so negativ verlaufen muss. Selbstzweifel kommen auf und im schlimmsten Fall kann sogar die Lebensfreude verloren gehen. Doch soweit muss es nicht kommen! Mit einer guten Angewohnheit, die vielleicht noch nicht zu Ihrem täglichen Leben gehört, können Sie viel beeinflussen: Ganz gleich, wie voll Ihr Alltag ist, nehmen Sie sich abends ein paar Minuten Zeit und schreiben Sie auf, wofür Sie richtig dankbar sind! Ihnen will nichts einfallen? Dann helfen die folgenden Fragen bestimmt:

- Was ist richtig gut in Ihrem Leben?
- Was war am heutigen Tag so richtig schön?
- Vergleichen Sie sich mit anderen Menschen: In welchen Bereichen geht es Ihnen besser?

Jeden Abend ein wenig in Ihr Innerstes blicken, wird den Fokus auf Ihr ganzes Leben verändern. Auch wenn die Welt manchmal grau und trist wirkt, so ist sie es doch nicht. Es wird leider immer wieder Schicksale geben, die schlimmer sind. Wenn es Ihnen nicht gut geht, können Sie daraus lernen und irgendwann scheint auch die Sonne wieder.

Vergessen Sie nie guten Dinge in Ihrem Leben und sehen Sie die positiven Seiten. Das Leben ist wertvoll und dies täglich zu erkennen, ist kurzum, eine gute Angewohnheit!

4. Täglich aufschreiben, was Sie richtig gut gemacht haben

Diese Angewohnheit ähnelt Punkt drei ein wenig, ist aber nicht identisch.

Hier geht es darum, aufzuschreiben, wo Sie selbst Ihre Stärken des Tages sehen. Vielleicht sind Sie stolz darauf, endlich dem Unkraut des Gartens den Kampf angesagt zu haben. Oder Sie haben es geschafft, die ganze Wohnung zu putzen und fühlen sich jetzt so richtig wohl! Wenn es Sie glücklich macht, dann schreiben es ruhig auf und klopfen Sie sich auch einmal auf die Schulter! Sie dürfen ruhig stolz sein!

Es tut gut, am Ende des Tages auf die positiven Dinge des Alltages zurückzublicken. Es fördert die Entspannung und wird Sie auf Dauer glücklich machen! Schon nach einem Monat hat sich Ihr Leben merklich verändert: Viel Spaß beim Entdecken!

5. Täglich Sport treiben

Vielleicht denken Sie sich jetzt: „Auch das noch!"

Dieses Vorhaben jetzt auch noch in den Tagesplan zu integrieren, scheint doch fast unmöglich zu sein. Doch dem ist nicht so. Es geht hierbei nicht um ein ausgedehntes Sportprogramm von über einer Stunde täglich. Es reichen zehn Minuten, die Sie z.B. mit Stretching verbringen können. Wichtig ist, dass Ihnen die Übung auch richtig Spaß macht. Dann können Sie sich auch jeden Tag aufraffen! Reihen Sie dies in Ihre guten Angewohnheiten ein, wenn Sie es noch nicht getan haben. So können Sie Ihren verspannten Muskeln zu Leibe rücken und auch mehr positiven Emotionen erfahren. Denn auch, wenn Sie es nicht glauben möchten: Sport macht frei und sorgt für eine gute Stimmung!

Versuchen Sie es mit ein paar Übungen, für die es ein Gummiband braucht. Yoga wäre auch eine Möglichkeit. Finden Sie, was zu Ihnen passt!

6. Meditation für ein gutes Gleichgewicht

Haben Sie sich schon einmal mit der Meditation auseinandergesetzt? Sie kann wahre Wunder bewirken und auch Ihr Leben in ganz neue Bahnen lenken. Wichtig ist, es zuzulassen und sich völlig frei dem neuen Gefühl und der Lehre hinzugeben. Nehmen Sie diese gute Angewohnheit in Ihr Leben auf, wenn Sie es noch nicht getan haben.

Auch hier braucht es nicht sehr viel Zeit. Ihnen reichen schon fünf Minuten des Tages aus, um etwas völlig Neues zu erfahren. Es gibt so viele Techniken, die es wert sind, ausprobiert zu werden. Sicherlich finden Sie eine Übung, die zu Ihnen passt.

Augen schließen und den Geist einfach ziehen lassen, kann ein wunderbares Gefühl bedeuten. Gehen Sie mit Ruhe an die Meditation und seien Sie nicht zu ungeduldig.

Übungen könnten schon das Zählen von 1 bis 10, oder das konzentrierte Betrachten der Wolken sein. All dies sind schon die Meditation und eine durchweg gute Angewohnheit in Ihrem Leben! Vielleicht haben Sie sich schon des Öfteren in derlei Situationen wiedergefunden und nicht gewusst, dass Sie bereits die Stufe des Meditierens überschritten haben.

7. Für Ordnung sorgen

Auch wenn es oft jede Menge Motivation braucht, so reiht sich das Aufräumen in jedem Fall in die guten Gewohnheiten mit ein. Es macht glücklich und sorgt für ein schöne Gefühl, wenn die Wohnung richtig ordentlich und sauber ist.

So können Sie auch guten Gewissens immer wieder Freunde einladen und sind auch für einen ganz spontanen Besuch bestens gerüstet. Denn es kann schnell für negative Stimmung sorgen, wenn Sie rasch alles von A nach B räumen müssen, weil es unerwartet an der Haustür klingelt.

Nachweislich fühlen sich jedoch Menschen in einem sauberen und ordentlichen zu Hause wohler. Es gibt Kraft und spendet auch die Entspannung, die Sie brauchen, um voller Elan neu durchzustarten.

Lassen Sie nichts mehr herumliegen und räumen Sie auf, wenn es Ihnen in den Sinn kommt! Es ist so einfach, diese positive Angewohnheit zu entwickeln.

Ganz gleich, ob im Büro oder in den eigenen vier Wänden: Toben Sie sich so richtig aus!

8. Ziele setzen

Dieser Punkt wird Ihnen in diesem Buch immer wieder begegnen. Die Größe des Ziels spielt dabei keine zu große Rolle. Auch wenn Sie sich am Morgen vornehmen, im Verlauf des Tages einen Spaziergang zu machen, haben Sie sich schon ein Ziel gesetzt. Selbst das Aufräumen der Schuhe zählt dazu. Zu den großen Hoffnungen kann z.B. der Aufbau einer Firma oder auch das weit entfernte Reiseziel sein.

Es gibt so viele Möglichkeiten, wie ein Ziel aussehen kann.

Wichtig für Sie ist, dass Sie sich diese auch wirklich setzen können und Stück für Stück an der Erfüllung arbeiten.

Wenn Sie dies nicht können, neigen Sie dazu, in den Tag hineinzuleben. Die Zeit zieht vorüber und es wird sich nicht verändern. Mit der Zeit nimmt Sie ein Trott gefangen, aus dem

Sie nur sehr schwer wieder herauskommen. Lassen Sie das nicht zu und machen Sie sich diese gute Gewohnheit zunutze. Vielleicht ist auch schon die Ihre.

Setzen Sie sich ein Ziel: jeden Tag!

Beispiele für schlechte Gewohnheiten

1. Nie pünktlich sein!

Dies ist unweigerlich eine sehr schlechte Angewohnheit, die wohl jeden Betroffenen stört. Aus diesem Grund nimmt Sie auch Platz eins der Liste ein.

Wenn Sie morgens nicht pünktlich im Büro erscheinen, kann dies schnell schlimme Folgen haben. Nach einer Abmahnung folgt vielleicht noch eine zweite und dann die Kündigung. Zusätzlich leidet Ihr Erscheinungsbild und aufgrund des Leistungsdrucks können Sie nicht so konzentriert arbeiten, wie sonst!

Doch auch im privaten Bereich ist es nicht gerade förderlich, wenn Sie zu spät bei einer Verabredung erscheinen. Wenn es sich bei diesem Treffen um das erste Date handelt, kann dieses schneller vorbei sein, als gedacht. Auch die Verabredung mit einem guten Bekannten steht so unter einem schlechten Licht.

Kurzum: Wer nicht pünktlich ist, kann schnell das Unbehagen anderer Menschen auf sich ziehen. Es kann als respektlos und unorganisiert gewertet werden.

Die Zeit stets im Blick zu haben, ist das oberste Gebot, um

diese schlechte Angewohnheit nicht auf Dauer auszuüben! Denn je länger sie anhält, umso nachhaltiger kann Sie Ihnen Schaden. Lassen Sie nicht zu, dass Sie einen schlechten Einfluss auf Ihre Leben hat und haben Sie die Zeit im Blick.

2. Mitmenschen ins Wort fallen

Manchmal ist es gar nicht so leicht, anderen Menschen wirklich aufmerksam zuzuhören. Es kann der Zeitdruck schuld sein, oder auch das Wissen, was sie sagen werden. Was ist die Folge? Sie fallen diesen Menschen ins Wort, schneiden die Sätze förmlich ab, oder beenden Worte, bevor sie unausgesprochen worden konnten. Ab und an kann das schon in Ordnung sein, aber es darf nicht die Regel werden. Schnell kann dies schlimme Folgen haben: Sie werden ausgegrenzt und Gespräche mit Ihnen fallen nur noch kurz aus. Denn warum auch anders? Schließlich kommt doch sowieso niemand zu Wort.

Versuchen Sie, Ihr Umfeld aussprechen zu lassen, auch wenn es nicht immer leichtfällt. Manchmal ist Schweigen einfach Gold! Sehen Sie es positiv: Ihr Geist ist einfach schneller! Er muss zur Ruhe kommen, dann funktioniert es auch mit dem Aussprechen der anderen Menschen. Denn dies zeugt von Achtung und Geduld!

3. Das Reden mit vollem Mund

Was für Sie jetzt überraschend klingt, passiert aber öfter, als Sie es natürlich möchten. Kleinen Kindern wird immer gesagt, dass sie nicht mit vollem Mund sprechen dürfen. Erwachsene werden seltener darauf hingewiesen, und so neigen sie vielleicht dazu, es doch zu machen. Natürlich unbewusst.

Denn wie oft befinden Sie sich in folgender Situation wieder: Sie sitzen zusammen mit Ihrer Familie am Tisch und es herrscht ein angeregtes Gespräch. Sie möchten auch gerne etwas sagen und plötzlich passiert es: Sie reden mit vollem Mund! Und leider merken Sie es erst, wenn es passiert ist.

In den eigenen vier Wänden mag dies noch ab und an akzeptiert werden, jedoch nicht bei einem Geschäftsessen oder auch unter Kollegen!

Versuchen Sie, diese Angewohnheit zu den Akten zu legen. Es gehört sich einfach nicht, mit vollem Mund zu sprechen. Die Aussprache ist undeutlich und natürlich sieht es auch nicht gerade sehr appetitlich aus. Achten Sie darauf und es wird Ihnen sicherlich so schnell nicht einmal passieren. Arbeiten Sie daran, ehe Sie darauf aufmerksam gemacht werden.

4. Chaos in allen Lebenslagen

Schon als Kind schien es Ihre Berufung zu sein: das Chaos. Wie oft musste Ihre Mutter Sie daran erinnern, dass es endlich mal Zeit wird, das Zimmer aufzuräumen. Wie oft haben Sie später in Ihrer eigenen Wohnung einfach Dinge liegengelassen und sich dann gefragt, wo sie sind. Selbst im Büro neigen Sie dazu, in dieses Schema zu verfallen, doch hier ist besondere Vorsicht geboten.

Was Ihre Mutter vielleicht immer wieder hoffte, ist leider bis heute nicht eingetreten. Immer wieder neigen Sie dazu, im Chaos zu versinken! Langes Suchen schmälert Ihre Zeit und dies scheinbar an allen „Fronten"

Lassen Sie andere Menschen nicht denke, dass Sie Ordnung nicht kennen und im schlimmsten Fall Ihr Leben nicht im Griff haben. Rücken Sie diesem Chaos zu Leibe und sagen Sie einer schlechten Angewohnheit den Kampf an. Die Veränderung kann einen ganz anderen Menschen aus Ihnen machen!

5. Ständige Vergesslichkeit

Der Alltag steckt voller Aufgaben. Wenn Sie ab und zu etwas vergessen, ist dies nicht schlimm: es kann vorkommen! Doch wie oft geschieht es Ihnen wirklich? Neigen Sie häufig dazu, etwas zu vergessen? Auch wenn Sie mitten im Gespräch sind, und eine kurze Ablenkung Ihre Aufmerksamkeit auf sich zieht, ist es wichtig, dass Sie noch wissen, was gesprochen wurde! Doch können Sie das? Es kann mit der Zeit für Ihren Gesprächspartner sehr anstrengend sein, wenn er immer wieder seine Rede wiederholen muss.

Stefan Sorger

Termine sind im Kopf, bestimmte Aufgabe müssen noch
erledigt sein: Wie soll sich ein Mensch das alles merken. Doch
es geht! Schreiben Sie sich gewisse Dinge auf und bleiben Sie
ganz nah beim Thema. Versuchen Sie, sich genau zu merken,
was Ihnen der andere erzählt. Es braucht ein bisschen Übung,
aber es ist ein guter Weg, diese schlechte Angewohnheit nicht
mehr länger als Eigentum zu betrachten.

Es ist nicht verwerflich, sich Dinge zu notieren. Sicherlich
machen Sie es sowieso öfter! Denken Sie nur an Ihre
Einkaufsliste! Hätten Sie sonst alles im Kopf, wenn einmal die
Woche der große Einkauf ansteht?

6. Aufgaben aufschieben

Dinge, die wir nicht machen möchten, schieben wir immer
wieder gerne auf!

Sie stehen auf, und die Küche sieht noch aus wie gestern
Abend. Es war auch nicht anders zu erwarten. Und wenn heute
Morgen alles noch so aussieht wie gestern, kann es getrost noch
eine Weile länger warten. Ähnlich gestaltet es sich mit anderen
Aufgaben des täglichen Lebens, die einfach nicht gerne erledigt
werden. Immer wieder scheint etwas anderes wichtiger zu sein.
Dinge, die sonst nie gemacht werden, müssen jetzt plötzlich
erledigt werden. Und so beginnt ein Teufelskreis.

Schieben Sie nichts auf, sondern erledigen Sie es sofort,
wenn Ihre Zeit das zulässt. Auf diese Weise haben Sie nicht nur

das, was Sie eigentlich nicht mögen, schnell erledigt, sondern können auch mehr Zeit mit anderen Dingen verbringen. Beschäftigungen, die Ihnen Spaß machen, stehen dann im Vordergrund! Sind das nicht gute Aussichten?

Versuchen Sie es und verschieben Sie nichts mehr auf morgen!

7. Die Ungeduld

Sie erleben es so oft: Ihnen dauert vieles einfach viel zu lange. Sie beginnen eine Sendung im Fernsehen, und schaffen nicht einmal die Hälfte. Sie versuchen sich in einem Gesellschaftsspiel mit Ihrer Familie, und haben auch hier alle Mühe, bis zum Schluss durchzuhalten. Das Warten bei Ärzten bereitet Ihnen große Probleme und komplizierte Sachverhalte sind einfach nichts für Sie.

Kurzum: Aufmerksamkeit ist nicht gerade Ihre Stärke.

Doch seien Sie vorsichtig, denn diese Ungeduld fällt auch anderen Menschen auf und kann schnell für eine negative Stimmung sorgen.

Versuchen Sie immer, beim Thema zu bleiben und auch nicht unruhig auf Ihrem Stuhl herumzurutschen. Auch andere verbale Gesten können Sie schnell verraten und unangenehme Fragen aufkommen lassen.

Bleiben Sie ruhig und seien Sie ganz nah! Seien Sie immer wieder auf der Suche nach Ihrem inneren Gleichgewicht, wenn

Sie sich unruhig fühlen. Konzentrieren Sie sich und bleiben Sie achtsam. Dann sind Sie auf einem guten Weg, auch diese schlechte Angewohnheit irgendwann nicht mehr die Ihre zu nennen.

Seien Sie nicht hektisch, sondern genießen Sie jeden Augenblick des Tages! Denn jede Stunde an sich ist mehr als kostbar.

8. Geizig sein

Eines vorweg: Es ist keine schlechte Angewohnheit, wenn Sie Ihr Geld gut zusammenhalten können. Sie überlegen sich, was Sie kaufen und werfen das nicht „aus dem Fenster". Das ist eine gute Einstellung und diese sollten Sie auch beibehalten.

Doch was, wenn es noch weitergeht?

Wann machen Sie, wenn Sie jede Woche die Werbeaktionen des Supermarktes im Briefkasten finden? Wenden Sie jedes Blatt und überlegen Sie ganz genau, auf welchem Weg Sie das meiste sparen können? Sind Sie immer wieder monatelang auf der Suche, bis Sie etwas ganz Bestimmtes noch günstiger bekommen?

Ihr Handeln in allen Ehren, aber drehen Sie nicht jeden Cent zweimal um. Sie dürfen sich auch ruhig etwas leisten, wenn Ihr Budget das tatsächlich zulässt. Auch ist es ratsam, wenn Sie bei einem gemeinsamen Treffen mit Freunden auch etwas mitbringen (auch dann, wenn sie eingeladen wurden). Zeigen Sie sich erkenntlich!

Wichtig ist, dass Sie Ihr Kaufverhalten im Blick haben und nicht über Ihre Verhältnisse leben. Alles andere ist erlaubt. Laden Sie ruhig einmal ein und fühlen Sie sich richtig gut! Dann dürfen Sie auch für eine Weile wieder sparsam sein!

Wie entstehen schlechte Gewohnheiten

Wie Sie schon gelesen haben, gibt es eine Vielzahl schlechter Gewohnheiten. Um die Liste noch ein wenig weiterzuführen, und die Entstehung besser erläutern zu können, ist es wichtig, noch weitere Arten zu kennen.

Schlechte Gewohnheiten können somit noch sein:

- Ängstlichkeit (Dies ist in einem gesunden Maß völlig in Ordnung, sollte aber nicht Überhand nehmen)
- Gedankenlosigkeit (Dies heißt, wenn Sie immer wieder anderen Dingen nachhängen, und sich nicht ausreichend konzentrieren können)
- Unzuverlässigkeit (Wenn Sie immer wieder etwas versprechen, es aber nicht einhalten können)
- Konsum von Genussmitteln (hierbei handelt es sich um den übermäßigen Genuss von Alkohol, Zigaretten und auch Drogen)

Doch wie entstehen diese Gewohnheiten, ohne die ein Leben doch sehr viel leichter wäre? Letztendlich beginnt alles mit einem Anfang. Was gerade ein wenig seltsam klingt, ist aber wahr. Irgendwann in der Vergangenheit haben Betroffene damit angefangen. In der Schule begann diese mit dem rauchen. Aufgrund eines ungeordneten Lebens schlich sich eine Unzuverlässigkeit ein, oder aus bestimmten psychischen Gründen war eine Ängstlichkeit immer wieder präsent. All dies können Gründe sein, mit denen einst alles angefangen hat. Wenn Betroffene jetzt ein oder zweimal der Versuchung nachgeben, wenn man dies so sagen kann, ist es noch in Ordnung und bringt auch keine Folgen mit sich! Doch was, wenn dies nicht geschieht und z.B. immer wieder zur Zigarette gegriffen wird? Irgendwann geht es nicht mehr ohne und es haben sich Gefühle eingeschlichen. Die Angst verschwindet nicht mehr und die Unart, unzuverlässig zu sein, kann schnell eine anstrengende Gewohnheit werden.

Zu Beginn versucht man noch, gegen diese Gewohnheiten anzukämpfen, weil sie das Leben nun doch deutlich schwerer machen. Aber wenn dies nicht von Erfolg gekrönt, kann schnell der Weg des geringsten Widerstandes gewählt werden: es einfach geschehen lassen!

Betroffenen hören auf zu kämpfen und fügen sich in ihr Schicksal und ihr Verhalten. Nun braucht es nicht mehr lange, und aus einer anfänglichen kleinen Schwäche, wird eine schlechte Angewohnheit, die nur mit sehr viel Arbeit wieder abgelegt werden kann!

Gewohnheiten und das Unterbewusstsein

Unser Unterbewusstsein ist immer aktiv, auch wenn Sie es gar nicht merken. Jede Routine, die Sie täglich ausüben, wird durch Ihr Unterbewusstsein gesteuert und nahm auch dort irgendwann seinen Anfang.

Das Unterbewusstsein selbst hat seinen Ursprung, wenn man dies so sagen kann, im Gehirn. Doch wie genau läuft dies alles ab? Eins vorweg: Gewohnheiten entlasten unser Gehirn, es arbeitet sozusagen auf Sparflamme. Das können Sie schon tagtäglich merken.

Wann haben Sie das letzte Mal darüber nachgedacht, in welche Richtung Sie die Zahnpastatube aufschrauben sollen? Oder wann haben Sie darüber nachgedacht, ob Sie zuerst die linke oder rechte Socke anziehen sollen? All diese Dinge geschehen ganz automatisch und werden von Ihrem Unterbewusstsein gesteuert. Sie haben sich diese Handlungen angewöhnt und denken nicht weiter darüber nach. Würden Sie dies tun, wäre Ihr Gehirn schneller „außer Puste".

Kurzum kann gesagt werden: Gewohnheiten sind gut für unser Gehirn, denn somit spart es Energie.

Und die übrige Kraft hat es auch bitter nötig. Sie wird dann gebraucht, wenn Sie sich Stresssituationen befinden und ganz genau abwägen müssen, wie der nächste Schritt aussehen soll.

Ihr Unterbewusstsein und Ihr Gehirn müssen immer wieder Höchstleistungen aufbringen. Es gibt oft genug im Leben

Situationen, in denen Sie blitzschnell reagieren müssen. Ihre höchste Aufmerksamkeit wird gefordert und Sie haben keine Zeit, lange zu überlegen. Planung, Organisation und die Entwicklung stehen im Vordergrund.

Gewohnheiten und Unterbewusstsein im Zusammenspiel prägen Sie schon ihr gesamtes Leben. Eine kurze Andeutung dazu ist Ihnen in diesem Buch schon einmal begegnet. Die ersten Jahre des Lebens befinden sich Gehirn und Unterbewusstsein (und somit auch die Gewohnheiten) noch in der Formphase.

Mit diesen ersten Entwicklungsschritten entstehen Stück für Stück Routinen. Zur Verdeutlichung ein Beispiel aus Kindertagen:

Ein kleines Kind baut das erste Mal einen Turm. Die anfänglichen Versuche scheitern noch, der Turm fällt immer wieder zusammen. Doch die Neugierde flacht nicht ab und einem Versuch folgt der nächste. Und irgendwann funktioniert es endlich: Der Turm steht und fällt auch nicht mehr um! Und schon wird ein zweiter Versuch gewagt und auch jetzt funktioniere es wieder. Mit jedem weiteren Mal gelingt der Aufbau schneller und sicherer. Der Turm wackelt nicht mehr und das Kind ist hinter das Geheimnis der richtigen Technik gekommen.

Bei diesem Erlernen wird der vordere Teil des Gehirns besonders beansprucht. Das Bewusstsein und das rationale

Denken werden nun ganz besonders gefördert.

Mit dem Aufbauen des Turms und dem Gelingen erntet das Kind ganz sicher Lob von seinen Eltern. Und das regt es an, gleich noch einmal das gleiche zu versuchen. Denn eine Belohnung reizt immer und spornt an.

Doch was hat das alles mit dem Unterbewusstsein zu tun? Ganz klar: Der erste Versuch und der somit erste richtige Turm wird von dem Kind noch völlig bewusst gebaut. Jeder weitere Versuch siedelt sich im Unterbewusstsein an.

Das Kind baut diesen einen Turm immer wieder aufs Neue. Schritt für Schritt geht es vor und weiß schon, welchen Schritt es vor dem nächsten gehen muss. Unterbewusst entwickelt sich eine Routine. Das Kind selbst kann mit diesem Wort noch gar nichts anfangen. Und dennoch braucht es schon nach ein paar Versuchen nicht mehr das volle Bewusstsein, um diesen Turm aufzustellen. Ganz automatisch, und völlig von allein, scheint sich Stein für Stein übereinanderzusetzen.

Je länger das Kind dieses Bauen verfolgt und somit auch Erfolge feiert, desto tiefer wird diese Handlung auch in die Regionen des Gehirns „verbannt". Jetzt ruht es in der Region, die für Spontanität und Routine zuständig ist. Dieser Platz im Gehirn nennt sich auch „Basalganglien". Hier ruhen alle Gewohnheiten, alle Handlungen, die zu einer Art Routine geworden sind. Es gibt für ein solches Verhaltens eine Art Programm, dass immer wieder abgespielt wird, und genau hier ist es zu finden. Was geschieht also, wenn das Kind wieder mit seinem Spiel beginnt und den Turm von vorn zusammenbaut? Dann wird automatisch wieder dieses Programm aktiv und dann Gehirn kann in eine Art Entspannungsmodus verfallen! Den hier gibt es nichts neues zu lernen. Alles, was in den nächsten Minuten passiert, kennt es bereits.

Doch wenn Sie jetzt denken, dass das Gehirn während des ganzen Vorgangs nichts zu tun hat, dann täuschen sie sich. Dies trifft auf die Zeit des Stapelns zu. Nur in diesem Augenblick kann wirklich Energie eingespart werden. Wenn das Kind die Bausteine sieht und das Auseinandersetzen denkt, ist das Gehirn noch in Aktion. Hier gilt es, zu erkennen, was als nächstes geschieht und welche Handlung gefragt ist. Es muss somit erst einmal aktiviert werden und aus den vielen verschiedenen Programmen auch das richtige wählen. Denn das Unterbewusstsein beherbergt viel und sammelt mit der Zeit sehr viel. Ausschlaggebend ist der Auslösereiz. Dafür reichen schon die Bausteine selbst aus. Wenn diese gesehen werden, sucht das Gehirn schon einen Weg, um sie richtig einzusortieren. Wenn dies gefunden wurde, steht als nächster Schritt das Lob der Mutter an. Hat diese den großen Turm gesehen und auch gelobt? Was unglaublich klingt, ist aber wahr: Das Gehirn des Kindes wartet darauf!

Sicherlich klingt dies alles für Sie ein wenig kompliziert und in gewisser Weise sogar unglaubwürdig. Aber das Gehirn und auch das Unterbewusstsein ist ein Phänomen, das immer wieder Rätsel aufgibt. Diese zu ergründen, ist oftmals schwer und am Ende noch unglaublicher.

Wissenschaftlich erwiesen ist aber auch, dass Menschen sich in den ersten zehn Jahren ihres Lebens die meisten Gewohnheiten aneignen. Hier machen Sie die meisten unbekannten Erfahrungen, erforschen neue Dinge und fügen Sie dem Unterbewusstsein automatisch hinzu.

Doch nicht nur in diesem Alter lernen Sie. Natürlich kommt dies auch später noch vor. Wir lernen das ganze Leben und können jeden Tag Routinen entwickeln. Doch gerade in den ersten zehn Jahren ist dies am intensivsten.

Routinen schleichen sich durch das ganze Leben und machen uns vieles leichter. Wenn es diese nicht gäbe, würden wir vielleicht nie den Führerschein machen können, schreiben, oder auch die kleinen Türmchen aus den Kindertagen bauen. Erfahrungen gehören dazu und sind diese einmal vorhanden, prägen sie das Unterbewusstsein, ohne dass wir es merken können.

Doch nach einem ähnlichen Schema verhält es sich auch leider mit den schlechten Gewohnheiten. Wenn Sie Worte verwenden wie „Ich kann das einfach nicht mehr!" oder jeden Abend eine Tafel Schokolade essen, dann hat Ihr Gehirn aus diesen Handlungen eine Routine gebildet, die Sie nun begleitet.

Das alles sitzt in Ihren Basalganglien (Unterbewusstsein) fest.

Möchten Sie also Ihrem Unterbewusstsein zu Leibe rücken, können Sie nur mit selbst ins Gericht gehen und alles, was Sie als schlechte Gewohnheit ansehen, genau hinterfragen. Sie brauchen einen klarten Verstand und müssen versuchen, rational zu denken.

Was auf das erste Wort so leicht klingt, ist es aber leider nicht. Denn wie oft nehmen Sie sich etwas vor? Wie oft haben Sie gute Vorsätze und es funktioniert einfach nicht. Einer Sache können Sie sich sicher sein: Sie scheitern nicht allein! Es ist nicht einfach, dem Unterbewusstsein ein Schnippchen zu schlagen. Doch es ist nicht unmöglich!

Doch warum müssen Sie immer wieder von vorn anfangen?

- Der Teil des Gehirns, der für das Unterbewusstsein zuständig ist, kann auch als ein „alter" Teil bezeichnet werden. Hier sind die Routinen zu Hause und diese existieren fast schon seit Anbeginn der Zeit. Selbst die Urtiere brauchen diesen Bereich, um auf der Erde überleben zu können. Der Teil, der für das Bewusstsein zuständig ist, kam erst sehr viel später hinzu. Nur die schlausten Säugetiere besaßen diesen. Somit kann gesagt werden: Das Unterbewusstsein, der hintere Hirnbereich, ist für die schlechten Gewohnheiten zuständig. Der andere Teil kam erst später dazu und hat somit keinen Einfluss.

- Die Prozesse, die in unserem Unterbewusstsein stattfinden, laufen sehr schnell ab. Wenn Sie nach Ihnen greifen wollen würden, könnten Sie es nicht schaffen. Das Bewusstsein (vorderer Hirnbereich) ist hingegen nicht so schnell. Hier läuft alles ein wenig langsamer ab. Im Falle der Schokolade heißt es: Die Tafel ist schon lange verzehrt, bevor unser Bewusstsein es überhaupt wahrnimmt!

Abschließend kann gesagt werden, dass unser Unterbewusstsein gar nicht so einfach zu durchdringen ist. Auch, wenn Sie gute Vorsätze haben, braucht es erst eine Weile, bis Sie zu diesem hinteren Teil dieses Gehirn vordringen können. Den hier findet die Prägung schon in den Kindertagen statt. Und was hier einmal viele Jahre schlummerte, kann nicht von heute auf morgen einfach so aufgelöst werden.

Es braucht nur ein paar Mal die gleiche Handlung, und schon hat Ihr Unterbewusstsein einen neuen Spieler

Schlechte Gewohnheiten gehören zu Ihrem Leben dazu. Es ist dennoch wichtig, diese zu erkennen, und ihnen den Kampf anzusagen. Handeln Sie bewusst, so oft es Ihnen möglich ist und überspringen Sie diese große Hürde. Versuchen Sie es immer wieder und geben Sie nicht auf, dann sind Sie auf einem guten Weg!

Stefan Sorger

Auswirkung der Gewohnheiten auf den Menschen und das Leben

Wie Sie bereits wissen, sind Gewohnheiten immer an unserer Seite. Schon die kleinsten Rituale können als diese angesehen werden. Sei es nun das direkte Zähneputzen nach dem Aufstehen, oder das Lesen eines Buches vor dem Zubettgehen.

Diese Dinge gehören zu Ihrem ganz persönlichen Alltag. Es sind Gewohnheiten, die Sie nur für sich selbst tun und auch mit Ihrem Umfeld recht wenig zu tun haben (es sei denn, Ihr Partner würde abends lieber zusammen mit Ihnen einen Film sehen).

Doch wann haben Gewohnheiten einen Einfluss und wie genau kann diese Wirkung aussehen? Für eine bessere Veranschaulichung ist es besser, abermals beide Seiten getrennt zu betrachten. Nur so kann auch ein klares Bild entstehen.

Die guten Angewohnheiten in Ihrem Leben wirken sich natürlich dann, wenn Ihr Umfeld damit in Berührung kommt. Dies ist z.B. dann der Fall, wenn Sie stets pünktlich sind, oder es auch gewöhnt sind, auf ein gepflegtes Äußeres zu achten. In diesen beiden Fällen denken andere Menschen über Sie nach und machen sich somit natürlich auch ein „Bild" von Ihnen. Aufgrund dieser positiven Eigenschaften werden diese Personen Ihnen gegenüber aufgeschlossen sein und auch Vertrauen aufbauen. Sie werden gerne in Ihrer Nähe sein und diese sicherlich auch immer wieder suchen. Diese Menschen wissen, dass sie sich auf Sie verlassen können, weil Sie nie zu spät da sind. Und wenn doch, geben Sie zuverlässig und zur richtigen Zeit Bescheid. Auch wissen diese Personen, dass Sie immer ein angenehmes Äußeres an den Tag legen. Es geht nicht darum, der schönste Mensch auf der Welt zu sein, denn Schönheit ist relativ. Aber jeder Mensch sollte auf gewisse Dinge achten und Wert darauflegen, dass das Erscheinungsbild auch ansehnlich ist.

Da Sie diese beiden guten Gewohnheiten Ihr Eigen nennen, werden Sie immer wieder von einer positiven Stimmung umgeben sein. Sie Menschen um Sie herum werden gute Laune haben und gerne mit Ihnen zusammen sein wollen. Sie werden vielleicht gemeinsame Treffen planen, um Rat gebeten werden (was wiederum Vertrauenssache ist) und auf diese Weise selbst positiv gestimmt sein. All dies wirkt sich natürlich auch bestätigend auf Ihr Leben aus. Sie werden von Lebensfreude profitieren, neue Ideen haben und nicht so schnell aufgeben. Ziele zu stecken und diese auch zu verfolgen, ist für Sie kein Problem. Sie bleiben immer am Ball und finden einen neuen Weg, sollte ein Plan nicht aufgehen. Denn schließlich haben Sie Menschen, die bei Ihnen sind, und zu Ihnen halten. Auch dann, wenn es schwierig wird.

Doch sicherlich ahnen Sie es schon: Wo Licht ist, versteckt sich auch der Schatten! Denn jeder Mensch, auch Sie, hat schlechte Gewohnheiten. Als Beispiel setzen wir hier die

Unordnung und die Unpünktlichkeit an.

Sie selbst werden eine große Unruhe spüren, wenn Sie nur selten sofort etwas finden. Sei es nun der Autoschlüssel, oder eine wichtige Telefonnummer. Es raubt sehr viel Zeit, wenn Sie immer wieder suchen müssen. Im schlimmsten Fall kommen Sie zu spät zur Arbeit oder zu einem wichtigen Termin. Sie können einen Anruf nicht tätigen, der jedoch sehr wichtig für Sie und die andere beteiligte Person war. Sie sehen schon: Das Suchen des Autoschlüssels kann auch schon zum nächsten Punkt der Unpünktlichkeit führen. Doch beides kann auch separat auftreten. Sie werden schnell den Groll Ihrer Mitmenschen auf sich ziehen, wenn Sie immer wieder zu spät kommen. Zwar gibt es die obligatorischen 15 Minuten, die wohl in den meisten Fällen erlaubt sind, aber auch diese sollten nicht zur Regel werden. Wenn Sie es fast nie schaffen, zur verabredeten Zeit da zu sein, werden Sie sicherlich auch keine zu freundliche Begrüßung erfahren. Aus Anstand wird diese nicht ausbleiben, aber sie wird eher reserviert und zurückhaltend sein. Gerade bei Geschäftsterminen kann diese Unpünktlichkeit sehr schnell Folgen haben. Denn dort sollten Sie es sich wirklich kein einziges Mal erlauben.

Ihr Leben kann somit sehr schnell aus den Fugen laufen. Sie werden weniger Zeit, wie andere Menschen haben, weil Sie immer wieder etwas suchen. Wertvolle Stunden können Ihnen so über einen langen Zeitraum verloren gehen. Zeit, die Sie ganz bestimmt auch anders nutzen könnten. Weiterhin verliert Ihr Umfeld das Vertrauen in Sie, zumindest was das Verabreden von Zeiten betrifft. Vielleicht werden Ihre Mitmenschen selbst absichtlich zu spät erscheinen, auch dann, wenn Sie es tatsächlich pünktlich geschafft haben. Ganz klar, wird eine negative Stimmung immer wieder Ihren Alltag und Ihr Leben überschatten. Im schlimmsten Fall können Sie sogar Freunde verlieren oder Menschen, die Sie erst kennengelernt haben, und die Ihnen eigentlich ans Herz gewachsen sind. Sogar Ihr Job könnte gefährdet sein! Lassen Sie es nicht soweit kommen!

Kleiner Hinweis: All das sind nur Möglichkeiten. Sie zeigen auf, was geschehen kann, aber natürlich nicht zwingend muss. Die guten, noch die schlechten Ausgänge müssen wirklich geschehen. Jedes Leben ist speziell und einzigartig, so wie jeder Mensch selbst!

*Eine alte Gewohnheit legt sich so leicht nicht ab, und
eine Richtung, die wir früh genommen, kann wohl einige
Zeit abgelenkt, aber nie ganz unterbrochen werden.*
<u>**Johann Wolfgang von Goethe**</u>
<u>**(1749 - 1832)**</u>

DIE VERÄNDERUNG DER GEWOHNHEITEN

Der Weg aus der Routine

Das Gewohnheiten und Routine sehr fest zusammenarbeiten, wissen Sie bereits. Sie nehmen einen sehr großen Teil des Lebens ein und sind sie einmal fest verankert, ist es schwer, sie loszulassen. Warum auch, denn schließlich müssten Sie dann einen großen Teil Ihrer Entspannung ziehen lassen? Wer möchte das schon?

Dennoch ist eine Veränderung möglich, auch wenn es sehr viel Disziplin braucht. Doch bevor Sie diesen großen Schritt gehen können, müssen Sie verstehen, wie aus einer einfachen Gewohnheit auch eine Routine entsteht. Was gehört dazu und wie setzt sich dieses Phänomen zusammen?

Es gibt drei Elemente, die zu einer Gewohnheit gehören. Um die Erklärung einfacher zu gestalten, betrachten wir es uns an einem Beispiel: das Trinken von Kaffee

1. Die Lust

Warum greifen Sie jeden Morgen zur Kaffeemaschine? Genau, weil Sie einfach Lust auf eine gute Tasse Kaffee haben. Sie belebt, macht Sie wach und schmeckt einfach gut. Sie freuen sich bereits beim Aufstehen auf das warme Getränk und möchten auch nicht mehr ohne sein. Sie unterliegen in den meisten Fällen einer bestimmten Uhrzeit und natürlich auch einem Gefühl: die Freude am Morgen, sozusagen!

2. Die Belohnung

Eines ist ganz klar: Würden Sie nicht eine Belohnung für gewissen Dinge und Tätigkeiten erhalten, würden Sie diese auch nicht immer wieder tun. Dieses positive Gefühl kann sich ganz unterschiedlich äußern. Es kann das Lachen eines Kindes sein, oder einfach eine tiefe Entspannung und Ruhe, die Ihnen immer wieder Kraft gibt. Zweiteres kann sich selbstverständlich „in" Ihrer morgendlichen Tasse Kaffee verbergen.

Sehen wir uns dies biologisch an, arbeitet Ihr Körper mit Ihnen. Wenn Sie über etwas sehr glücklich sind, schüttet dieser einen Belohnungsstoff, Dopamin, aus. Dies geschieht im Gehirn und so wird jede Gewohnheit innerhalb kürzester Zeit manifestiert und zu einer Routine.

Im Großen und Ganzen können Sie, aufgrund des Ablaufes im Körper, jede Routine auch mit einer Art „Sucht" gleichsetzen!

3. Die Routine

Wenn Sie die beiden gerade beschriebenen Schritte durchlaufen haben, sind Sie auch bereit, eine bestimmte Handlung immer wieder auszuführen. Denn schließlich haben Sie Freude daran gefunden. Sie entwickeln ein Verhaltensmuster, welches mit der Zeit ganz typisch für Sie ist. Auch Ihr Umfeld wird es mit der Zeit erkennen, und als Ihre persönliche Eigenschaft ansehen.

Vielleicht werden somit manchmal Bemerkungen fallen, wie: „Ach, ohne Deinen Kaffee am Morgen geht nichts!"

Daran ist auch nichts Schlimmes und Sie dürfen ruhig darüber schmunzeln.

Auch, wenn andere Menschen ein Problem mit Ihrer Routine hätten, könnten Sie diese ohne weiteres sowieso nicht abstellen. Denn die Lust darauf und auch das Gefühl der Belohnung bindet Sie praktisch daran fest! Man könnte fast sagen, Sie unterliegen einer Art Macht, der Sie sich nur sehr schwer entziehen können.

Selbsttest zur Routine

Doch bevor Sie sich mit dem Weg aus Ihrer Routine beschäftigen, müssen Sie erst herausfinden, ob Sie eine solche überhaupt Ihr Eigen nennen. Es kann auch durchaus sein, dass eine bestimmte Verhaltensweise gar keine ist und Sie dies ohne ein bestimmtes Gefühl tun.

Es gibt eine einfache Übung, die Sie anwenden können, um für diese Frage eine Antwort zu finden. Bedenken Sie jedoch: Es geht dabei nicht darum, ob z.B. das morgendliche Kaffeetrinken Ihre Routine ist, sondern vielmehr, ob Sie eine Gewohnheit leicht annehmen, oder nicht. Es gibt Menschen, die sich sehr schnell in eine Art der Routine flüchten können. Es gibt aber auch die Gegenseite. Diese Personen brauchen länger und es bedarf dort in den meisten Fällen mehrere Wochen, bis etwas besser Bestandteil des Alltages geworden ist. Versuchen Sie es wie folgt:

Setzen Sie sich hin und falten Sie Ihre Hände, als würden Sie beten. Es ist wichtig, dass Sie die Finger verschränken und auch die Daumen übereinanderlegen. Atmen Sie einmal paar durch und überprüfen Sie die Stellung Ihre Hände! Liegen Sie richtig ineinander? Wenn Sie dies bejahen können, kommt der nächste Schritt. Wechseln Sie die Stellung Ihrer Daumen: Jetzt muss der untere, obenauf liegen!

Dies war schon die gesamte Übung! Was haben Sie gefühlt? War es leicht für Sie, diese veränderte Stellung Ihrer Finger zu akzeptieren, oder wären Sie lieber wieder in die alte Position geflüchtet?

Fühlten Sie es vielleicht sogar unerträglich und hielten es kaum aus? Die Gefühle, die bei dieser Übung aufkommen können, sind genauso unterschiedlich wie die Menschen selbst. Denn jeder empfindet anders.

Dawna Markova, eine Psychologin aus den USA, fand bei Ihren Forschungen heraus, dass die meisten Menschen mindestens zwei Wochen benötigen, um diese Haltung für sich zu akzeptieren. Das Gehirn muss umdenken. Es muss etwas angenommen werden, was zuvor gar nicht bekannt und auch nicht „normal" war. Auch wenn es sich nur um eine Position der Finger handelt, so ist es für den Kopf gar keine so leichte Aufgabe.

Doch warum dauert es so lange? Ganz einfach: Unser Gehirn möchte es nicht akzeptieren. Es tut eigentlich alles dafür, um es nicht anzunehmen und aus einer anderen Routine auszubrechen. Denn schließlich muss für etwas Neues, auch etwas Altes weichen. Somit schießt das Gehirn ein Alarmzeichen nach dem anderen auf den, nur um nicht nachgeben zu müssen. Passen Sie auf den Daumen auf, sagt es immer wieder und spornt Sie ganz unbewusst zu Ihrer alten Handlung an. Sie merken schon, dass Unterbewusstsein spielt auch hier schon wieder eine sehr große Rolle. Irgendwann gibt es aber nach. Wenn Sie immer wieder diese Übung verfolgen und sich selbst ausprobieren, kann auch Ihr Kopf sich nicht mehr länger widersetzen. Auch wenn es mehrere Wochen dauern kann, haben Sie es dennoch irgendwann in Ihre Routine aufgenommen.

Geschafft ist geschafft! Wo der zeitliche Aufwand ist enorm. Wenn dieser kleine Positionswechsel schon so viel Aufwand und Zeit braucht, wie verhält es sich dann mit größeren Dingen des Lebens? Denn die meisten Gewohnheiten sind sehr viel überlegener und intensiver, als das Verschränken zweier Finger.

So liegt Feststellung wohl besonders nah: Es ist nicht leicht, aus einer Routine auszubrechen. Denn es braucht jede Menge Kraft und auch Zeit, um etwas gänzlich abzulegen.

Einfach „Nein" sagen!

Trotz aller Forschungen sind Sie fest davon überzeugt, dass es nicht so schwer sein kann! Es ist gut, dass Sie an Ihrer Meinung festhalten. Dies wird Ihnen bei der Bewältigung ganz sicher weiterhelfen.

Dennoch: Sie sind der festen Überzeugung, dass gute Vorsätze sehr viel bewirken können. Wenn Sie sich ganz fest vorgenommen haben, eine Gewohnheit aus Ihrem Leben zu streichen, dann funktioniert das auch. Sie sagen sich einfach immer wieder, dass Sie es ab jetzt nicht mehr möchten. Es ist ähnlich, wie mit den guten Vorsätzen für das neue Jahr. Mit dem Jahreswechsel verzichten viele Menschen auf das Rauchen, den Alkohol, oder ganz Dinge, die das Leben schwerer machen können. Doch wie oft funktioniert es bei diesen Personen wirklich? Wie oft gehen die guten Vorsätze tatsächlich in Erfüllung? Traurig, aber wahr: Es gelingt viel zu selten!

Auch dafür gibt es, Sie ahnen es bereits, eine Erklärung aus der Wissenschaft. Diese besagt ganz klar, die Ironie schuld daran ist. Je öfter Sie sich immer wieder sagen, dass Sie es nicht mehr möchten, desto stärker greifen Sie genau auf diese Dinge zurück. Sie steigern Ihr Verhalten sogar noch und finden kein Ende mehr. Der Grund ist fast schon einfach: Das Gehirn ist nicht in der Lage, das „NICHT" zu denken. Doch, es geht, sagen Sie sich bestimmt! Aber nein, leider nicht.

Zum besseren Verständnis ein kleines Beispiel: Versuchen Sie in diesem Moment, nicht an einen kleinen Hundewelpen zu denken! Und, was passiert? Mit ganz großer Wahrscheinlichkeit konnten Sie jetzt nicht anders und haben an diesen kleinen Hund gedacht. Das liegt nicht daran, dass Sie indirekt dazu aufgefordert werden. Ihr Gehirn weißt Ihnen den Weg.

Das heißt: Auch wenn Sie sich fest vornehmen, eine Gewohnheit zu verändern und etwas nicht mehr zu tun, werden Sie gerade nachgeben! Der Effekt der Ironie tritt ein und Sie können sich nur sehr schlecht dagegen wehren.

Sehr schlecht heißt aber auch wieder nicht, dass es gar nicht geht! Es gibt ein Schritt für Schritt System, welches Ihnen hilft. Wenn Sie konsequent bleiben und es von Anfang bis Ende abarbeiten, können Sie aus Ihrer Routine ausbrechen und gegen Ihr Bewusstsein ankämpfen!

Wichtige Schritte für die Veränderung

Eines vorweg: Auch wenn diese Schritte für Sie der Weg Richtung Veränderung sein können, sind sie kein Patentrezept.

Wenn Sie schon sehr lange in einer Routine verweilen, und diese auch sehr gerne ausführen, wird es umso schwerer, sich von dieser auch loszusagen. Ob es letztendlich mit Hilfe dieser Schritte funktioniert, ist von sehr viele Faktoren abhängig. Es braucht sehr viel Kraft, Zeit und ein gutes Durchhaltevermögen. Erst wenn all dies im hohen Maße gegeben ist, haben Sie auch eine Chance! Es soll Ihnen keinesfalls den Mut nehmen, vielmehr soll es in Ihnen den Kampfgeist wecken, es zu versuchen! Trauen Sie sich ruhig und gehen Sie es an!

Die folgenden Schritte konnten schon unzähligen Menschen helfen. Zählen Sie sich dazu und brechen Sie aus! Kosten Sie von dem großen Erfolg, denn wenn Sie es einmal geschafft haben, können Sie es auch ein zweites Mal versuchen!

1. Schritt: die Gewohnheit erkennen

Ziel ist immer, etwas dauerhaft von sich zu weisen. In unserem Fall ist es die Routine bzw. Gewohnheit. Als aller erstes ist es wichtig, dass Sie diese erkennen. Was einfach klingt, kann schon manchmal die ersten Probleme mit sich bringen. Die Routine muss erkannt und auch ganz genau benannt werden. Sicher wird es sich hierbei um eine schlechte Gewohnheit handeln, so viel schon eine kleine Hilfestellung.

Wenn Sie diese erkannt haben, ziehen Sie einen sinnbildlichen Strich darunter. Hören Sie damit auf und machen Sie deutlich und ganz klar Schluss mit dieser langen gelebten Routine. Ab heute soll sie keinen Platz mehr in Ihrem Leben haben. Wenn Sie diesen Schritt nicht voll und ganz annehmen und akzeptieren, riskieren Sie bereits den ersten Rückfall.

Zum Vergleich: Menschen, die dem Alkohol frönten, dürfen mit dem ersten Tag des Entzuges auch nicht mehr zur Flasche greifen. Sonst sind Sie ganz schnell wieder am Anfang und stecken abermals in der Spirale fest.

2. Schritt: die Trigger (Auslöser) klar identifizieren

Alles im Leben hat seinen Grund und einen Auslöser. Für die schlechten Gewohnheiten ist es nicht anders. In der Medizin und der Psychologie werden diese Auslöser jedoch als Trigger bezeichnet.

Auch hier ein kleines Beispiel: Es gibt z.B. Menschen, die immer wieder zu Chips greifen, wenn Sie traurig sind oder sich einfach unwohl fühlen.

So kann ein Trigger schon eine bestimmte Emotion sein. Diese muss nicht unbedingt einen negativen Charakter haben, sondern kann auch durch aus positiv sein. Das, was Sie für diese Stimmung nutzen, ist entscheidend. Doch es gibt natürlich noch andere Trigger. Ein bestimmter Ort kann auch dazu zählen.

Vielleicht stürzen Sie sich in eine bestimmte Gewohnheit, wenn Sie einen Platz aus Ihrer Vergangenheit besuchen? Auch Uhr- und Tageszeiten spielen eine wichtige Rolle. So geht der Kaffee nur am Morgen, oder vielleicht der Wein am Abend. Sobald die Uhr eine routinierte Stellung erreicht, ist dieses Getränk unabdingbar. Auch Personen können zu einer gewissen Routine in Ihrem Leben führen. Hierbei sind nicht die Gedanken an diese Menschen gemimt, sondern vielmehr Ihre Anwesenheit. Vielleicht fühlen Sie sich nervös, bekommen Bauchschmerzen oder andere Gefühle, die nicht angenehm für Sie sind. Noch ein entscheidender Trigger können Handlungen oder Verhaltensweisen sein. Immer dann, wenn Sie etwas bestimmt tun, verfallen Sie in Ihre schlechte Gewohnheit.

Es ist gar nicht so einfach, diese Trigger zu erkennen. Es braucht Zeit und schon hier kommen viele Menschen an Ihre Grenzen Aber Sie sicherlich nicht! Suchen Sie und bleiben Sie ruhig neugierig, um an Ihr Ziel zu kommen. Haben Sie den Auslöser gefunden und ganz klar identifiziert, haben Sie bereits Schritt zwei mit Erfolg bewältigt. Jetzt haben Sie schon jede Menge Kraft gesammelt, um Ihrem Problem zu Leibe zu rücken.

3. Schritt: eine passende Alternative findet

Bei diesem Schritt ist es wichtig, genau zu überlegen. Denn schließlich soll diese Alternative für immer sein und auch genau zu Ihnen passen. Es sollte etwas sein, was aus dem Schlechten etwas Gutes macht. Denn schließlich möchten Sie die negativen Einflüsse Ihres Lebens, in positive verwandeln.

Wenn Sie z.B. in den Abendstunden in Zukunft auf das Glas Wein verzichten möchten, suchen Sie sich ein anderes Getränk. Dies kann für den Anfang sogar eine leichte Limonade sein. Auch wenn diese einen kleinen Teil Zucker enthalten wird, ist Sie im Gegensatz zum täglichen Alkohol die gesündere Alternative. Wenn sich dies für Sie gefestigt hat, könnten Sie noch einen Schritt weitergehen, und die Limonade vielleicht durch Wasser mit Geschmack ersetzen. Es muss auch nicht zwangsläufig ein Getränk sein. Oftmals ist die Wahl jedoch am effektivsten. Vergessen Sie aber nicht: Ganz gleich, wo Sie Ihren Ausgleich sehen, die neue Routine in Ihrem Alltag sollte Ihnen Spaß bringen.

Wichtig ist aber auch die richtige Überzeugung Sie müssen es wirklich wollen und ganz klar für sich die Entscheidung getroffen haben, dass Ihr neuer Weg jetzt der richtige ist. Erst wenn dieser Gedanke ganz klar in Ihrem Kopf und bei Ihren Sinnen einen Platz gefunden hat, haben Sie auch die Kraft, den Ersatz wirklich zu beginnen. Genau aus diesem Grund würde es auch keinen Sinn machen, wenn Sie sofort mit einem Getränk beginnen, was Ihnen gar nicht schmeckt. Wenn es für den Anfang ein kleines bisschen Zucker sein muss, dann darf es auch so sein! Wichtig ist erst einmal, dass Sie die alte Gewohnheit gehen lassen können!

4. Schritt: die Gewohnheit ersetzen

Wie Sie jetzt bereits wissen, ist es wichtig, die schlechte und alte Gewohnheit, durch eine neue und bessere zu ersetzen. Dies sollte nicht zu lange dauern, sondern im besten Fall sofort erfolgen, um wirklich voranzukommen und nicht einen Rückfall erleiden zu müssen. Denn Sie lange zögern, und sich nicht sicher sind, haben Sie zwar Ihrer schlechten Routine in einem gewissen Maße entsagt, aber sich auch so einen sehr gefährlichen Freiraum geschaffen! Denn was passiert nun mit der Zeit, die ab heute nicht mehr für Ihre schlechte Gewohnheit genutzt wird? Sie verfallen evtl. ins Grübeln und überlegen, ob Sie wirklich die richtige Wahl getroffen haben, oder Sie machen eine noch schlechtere Gewohnheit zu Ihrer neuen Routine. Alles ist möglich und die Zeit läuft in diesem Fall ganz klar gegen Sie.

Die neue Zeit muss also mit etwas nützlichem und Guten gefüllt werden. Etwas, das Sie entspannt, Ihnen Luft zum Atmen gibt und aus dem gefährlichen freien „Stück" Ihres Alltages heraushilft.

Dies alles für einen guten Zweck: Wenn Sie die Lücke zum Vorteil für sich füllen, ernten Sie einen Erfolg. Auch wenn er noch so klein ist, wird er da sein und Sie glücklich machen. Zu diesem ersten großen positiven Effekt für Ihre Seele, reiht sich ein weiterer ein.

Auch hier gibt es Belege von Forschungen, dass es genauso auch wirklich funktioniert. Nehmen wir als Beispiel noch einmal das Glas Rotwein. Sie wissen, dass es im täglichen Genuss nicht gerade förderlich für die Gesundheit ist. Sie brauchen Ihre Zeit nicht damit verbrauchen, dass Sie weitere Studien und Tipps dazu verfolgen. Sie sind sich bewusst darüber. Kurzum: Ein stetes Nachdenken bringt Sie hier nicht weiter. Fangen Sie einfach an. „Bauen" Sie Ihr Leben so um, dass Sie gar keinen großen Gedanken an das Glas Wein verschwenden. Nutze Sie Ihre Zeit in den Abendstunden anders. Machen Sie einen Spaziergang, leben Sie bewusster und gesünder. Automatisch werden Sie auf den Tropfen ab und an verzichten können! Und je öfter Sie es schaffen, desto fester wird sich diese Routine auch in Ihrem Kopf verankern können. Wenn Sie dies erfolgreich bewältigen können, befinden Sie sich in einer sogenannten Gewohnheitsschleife!

Erfahrungen Sie sich von Ihren Erfolgen und seien Sie erstaunt, was Sie alles schaffen können.

5. Schritt: Erfolge dürfen belohnt werden

Sicherlich kennen Sie auch die Worte, dass erst die Arbeit erledigt werden muss, und dann auch das Vergnügen folgen kann. Dies dürfen Sie sich ruhig zu Herzen nehmen. Denn nur dann, wenn Sie sich selbst auch einmal belohnen, kommen Sie auch immer weiter voran.

Schon der erste sichtbare Erfolg, und sei er noch so klein, darf von Ihnen anerkannt werden. Dies hat zwei Gründe. Zum einen fühlen Sie sich selbst wohler und können entspannen. Sie haben ein gutes Gefühl und können wieder neue Energie tanken! Diese brauchen Sie unbedingt! Doch nicht nur das: Sie bedanken sich auch bei Ihrem Unterbewusstsein. Es merkt, dass es immer wieder eine Belohnung bekommt, wenn es genauso handelt. Es klingt nun so, als ob dieses verborgene Innere denken könnte. Ja, es könnte wirklich so gesagt werden.

Wenn Ihr Unterbewusstsein diese Schleife immer wieder erfährt, wird es mit der Zeit auch für Sie arbeiten. Sie werden es irgendwann nicht mehr wahrnehmen, doch Sie müssen den ersten Schritt gehen. Loben Sie sich selbst und Sie sind auf dem richtigen Weg.

6. Schritt: die richtigen Unterstützer suchen und finden

Jetzt haben Sie gelernt, sich selbst auf die Schulter zu klopfen. Doch in diesem Schritt müssen Sie sogar noch einen Schritt weitergehen. Reden Sie ganz offen über Ihre Erfolge. Hier sind Ihnen keine Grenzen gesetzt. Sie können guten Freunden davon erzählen und es im ganz kleinen Kreis berichten. Sie können es aber auch Ihrer ganzen Familie berichten und ein kleines „Fest" daraus machen. Doch es geht noch größer. Wenn es Ihnen liegt, dürfen Sie Ihr Vorankommen natürlich auch auf den sozialen Netzwerken posten. Wichtig ist, dass Sie die Entscheidung selbst treffen und sich dabei auch wohl fühlen. Denn Ihr Handeln hat einen wichtigen Hintergrund: Es sorgt für die nötige Motivation, denn es ist nicht klar, dass diese ständig gegeben ist. Deswegen können Sie fast nie genug tun, um sich immer wieder selbst Mut zuzusprechen.

Doch es gibt auch noch einen weiteren Grund! Wenn Sie Ihre Erfolge verbreiten, werden Sie auf eine gewisse Art und Weise beobachtet. Jetzt weiß Ihr Umfeld von Ihrem Handeln. Vielleicht werden Sie von jetzt an ab und an gefragt, ob es schon neue Erfolge gibt. Im besten Fall bekommen Sie noch Anregungen und können mit neuen Ideen jonglieren, damit Sie noch schneller Ihr Ziel erreichen. Sie finden so Unterstützer. Manchmal können sich diese sogar in Menschen verbergen, mit denen Sie gar nicht enger befreundet waren. Trotzdem werden Sie weiter angespornt und sehen Wege, die zuvor noch nicht sichtbar waren.

Doch die positiven Aspekte eines Unterstützers sind noch lange nicht erschöpft. Wenn Sie jemanden finden, der Ihren Gedanken folgt, haben Sie auch einen Menschen an Ihrer Seite, der Sie auffängt. Denn wie bereits angedeutet, kann es auch Rückschläge geben. Mit diesen umzugehen, ist nicht immer leicht. Doch gerade hier ist es wichtig, weiterzumachen und sich nicht unterkriegen zu lassen. Mit Hilfe verkraften Sie diese negativen Erfahrungen viel besser und können noch schneller mit neuer Kraft weitermachen.

Denn Sie haben es fast geschafft!

7. Schritt: Bitte jede Versuchung vermeiden

Auch wenn Sie schon so weit gekommen sind, ist die alte Routine noch lange nicht besiegt. Sie schlummert noch immer im Verborgenen und wartet nur darauf, bis Sie sich wieder anschleichen kann. Doch genau das dürfen Sie nicht zulassen.

Auch wenn es jetzt deprimierend klingt: Ihre alte Gewohnheit hat noch immer sehr viele Möglichkeiten, sich wieder zu nähren. Wenn Sie z.B. auf Ihr Glas nun schon so lange verzichten konnten, halten Sie daran fest. Kontrollieren Sie Ihre Gedanken und vermeiden Sie alles, was Sie daran erinnert. Vielleicht ist es für den Anfang auch das Beste, große Partys zu vermeiden, wenn es möglich ist. Machen Sie einen großen Bogen um das Weinregal im Supermarkt und lassen Sie sich auch von anderen Menschen nicht beeinflussen. Auch wenn diese vielleicht sagen, dass gegen ein Glas doch nichts einzuwenden ist: Wenn Sie nicht möchten, bleiben Sie stur. Es ist das beste und hilft Ihnen enorm, an Ihrem Erlangten festzuhalten.

8. Schritt: Immer wieder in Disziplin üben

Nun ist es fast geschafft. Das große Ziel der Veränderung ist zum Greifen nah. Doch der letzte Schritt wäre vermutlich nicht der letzte, wenn es nicht zeitgleich auch die schwerste Etappe sein würde. Denn jetzt ist das große Durchhaltevermögen gefragt. Auch wenn es sich schon richtig anfühlt, genügen ein paar Tage einfach nicht. Forschungen beweisen, dass Menschen ungefähr 60 Tage brauchen, um eine Gewohnheit zu besiegen. Es ist eine lange Zeit, die auch sehr viel Kraft erfordert!

Doch damit nicht genug: Je komplexer und komplizierter die Gewohnheit ist, desto länger dauert es auch, bis Sie nicht mehr zum Alltag gehört, oder im Umkehrschluss, als neue Routine aufgenommen werden kann. Hier liegt der Durchschnitt sogar bei ungefähr 90 Tagen.

Einen Tag fest an einer neuen Gewohnheit festhalten, reicht somit noch lange nicht aus. Die Zeit gibt die Richtung an. Sie dürfen auch ruhig einmal ein paar Tage „ausfallen" lassen (aber nicht in alte Muster verfallen).

Im Großen und Ganzen und ohne viel Druck sollten Sie sich zwei Monate Zeit geben, um von der neuen Veränderung zu profitieren.

Auch wenn es ein steiniger Weg ist, lohnt es sich immer, zu beginnen. Schlechten Gewohnheiten den Kampf anzusagen, macht Mut und gibt Kraft. Denn wer das Schlechte durch das Gute ersetzen kann, hat den Schlüssel für ein erfülltes Leben gefunden.

Sich nicht aufhalten lassen

Rückfälle sollten in keinem Fall passieren. Damit Sie bestens vor Ihnen geschützt sind, hier noch eine kurze Aufstellung der Ereignisse, die Ihnen Schwierigkeiten bereiten könnten.

– Auslöser unbekannt

Jede Routine des Lebens entstand durch verschiedenste Auslöser in der Vergangenheit. Ein Mensch hatte Stress, die andere Person langweilte sich einfach und fing deswegen mit einer ganz bestimmten schlechten Gewohnheit an. Wichtig ist es, diese wirklich zu erkennen und nicht als unbekannt „im Raum" stehen zu lassen. Ohne die Identifizierung kommen Sie hier leider nicht weiter. Sagen Sie sich also nie, dass Sie den Auslöser nicht finden, oder kennen: Es gibt ihn und Sie werden Ihn auch entdecken. Lassen Sie sich nicht aufhalten.

– Die falsche Motivation

Disziplin kann nur dann gut und effektiv funktionieren, wenn Sie die richtige Motivation haben. Fragen Sie sich immer wieder, warum Sie diesen Schritt gegangen sind und wie Ihr Ziel aussieht. Sie können sich eigentlich nie genug Fragen stellen. Suchen Sie nach Antworten und hören Sie nie damit auf.

Sie werden die Motivation spüren und immer wieder voller Energie und Tatendrang aufstehen. Nehmen Sie nichts als selbstverständlich und bleiben Sie immer wachsam. Sehen Sie Ihre Erfolge bewusst und nehmen Sie diesen voller Stolz an.

So wächst auch Ihre Motivation immer weiter.

– Nicht alles auf einmal wollen

Auch wenn Sie so schnell wie möglich Ihr Ziel erreichen möchten, ist Schnelligkeit nicht immer die beste Devise. Denn wenn Sie zu viel auf einmal möchten, sind Sie auch bald an Ihren Grenzen. Gehen Sie kleine Schritte und lassen Sie sich ruhig Zeit.

Nichts muss von heute auf morgen besser werden, auch wenn Sie es gerne möchten. Keine schlechte Routine lässt sich so schnell verändern, dessen können Sie sich sicher sein.

Bleiben Sie sich treu und gehen Sie langsam vor. Stecken Sie sich kleine Ziele. Sie dürfen Sie nach Kraft und Belieben natürlich erweitern und vergrößern, aber nicht über Ihre Möglichkeiten hinaus. Wenn Sie dieses Gefühl entwickelt haben, sind Sie auf einem guten Weg.

Von Natur aus sind die Menschen fast gleich; erst die Gewohnheiten entfernen sie voneinander.
<u>Konfuzius (551 - 479 v. Chr.)</u>

Stefan Sorger

DISZIPLIN ALS SCHLÜSSEL ZUM ERFOLG

Positiv Gewohnheiten auch langfristig durchsetzen

Jetzt haben Sie es geschafft: Sie haben eine schlechte Gewohnheit durch eine gute Neue ersetzt. Herzlichen Glückwunsch!

Nun ist es wichtig, dass Sie diese auch beibehalten. Auch wenn Sie sich sind, dass es für Sie kein Problem darstellt, gibt es doch ein paar Stolpersteine.

Doch wie so oft warten auch hier Hilfe, die unterstützend wirken und Ihre neue Gewohnheit jeden Tag festigen.

Im Folgenden warten ein paar Tipps auf Sie, die Sie problemlos in Ihrem Alltag integrieren können!

– Fokussieren Sie sich

Es ist sehr wichtig, dass Sie Ihre neue Routine nicht aus den Augen lassen. Gerade in der Anfangszeit ist Achtsamkeit das oberste Gebot, um das Gewonnene nicht ganz schnell wieder zu verlieren. In diesem Fall kann ein Ritual helfen, wie z.B. die Meditation.

Diese Lehre hat gleich mehrere Vorteile. Sie entspannt Sie selbst innerlich und gibt Ihnen neue Kraft Sie fokussiert und bringt Sie wieder ins Gleichgewicht. Auch wenn ein Tag nicht so gut gelaufen ist, und Sie sich fragen, warum Sie überhaupt diese neue Gewohnheit wollten, können Sie in einer guten Meditation die Antwort finden. Denn alles hat einen Sinn, manchmal muss dieser nur noch gefunden werden.

Profitieren Sie von dem neuen Energiefluss und nutzen Sie jeden Tag fünf Minuten, um ganz bei Ihrer neuen Gewohnheit zu bleiben.

– Schreiben Sie jeden Abend das Erlebte auf

Eine neue Gewohnheit bringt Veränderungen mit sich, das ist ganz klar! Diese sollen gut sein, können manchmal aber auch negative Erfahrungen mit sich bringen. Lassen Sie sich aber davon nicht verunsichern. Sammeln Sie diese Erlebnisse und schreiben Sie es auf. In den Abendstunden wird sich die Zeit finden.

Notieren Sie, was Sie an diesem Tag mit Ihrer neuen Routine erlebt haben. Egal, ob gut oder schlecht: Alles darf auf dem Zettel einen Platz finden.

Auf diese Weise verbringen Sie noch mehr Zeit mit Ihrer neuen Gewohnheit und erkennen hinter den schlechten Erfahrungen sicherlich auch etwas Gutes.

Geben Sie nicht auf, nur weil heute kein guter Tag war: Morgen kommt ein neuer Sonnenaufgang und dieser wird bestimmt besser!

– Fester Bestandteil des Tages

Für die ersten Wochen ist es ganz besonders wichtig: Ihre neue Routine MUSS immer in Ihrem Tagesablauf zu finden sein. Ganz gleich, wie schwer sie manchmal Platz findet, sie gehört ab jetzt dazu. Und vergessen Sie nicht: Schon ein paar Tage der Unachtsamkeit können Sie wieder rückfällig werden lassen.

Schaffen Sie sich, wenn nötig, einen neuen Ablauf und fügen Sie das Neue ein. Es wird zu Beginn vielleicht nicht ganz einfach sein, aber es hilft, und macht die neue Routine noch schneller alltäglich.

– Morgenjournal führen

Haben Sie schon einmal etwas von dem Fünf-Minuten-

Journal gehört? Eines zuerst vorweg: Die Wirksamkeit dessen ist sogar wissenschaftlich erwiesen.

Der Grundgedanke dieses Buches ist es, jeden Tag dankbar zu sein. Denn genau das fällt im Alltagstrott unheimlich schwer. Auch wenn Sie diesem Grundgedanken im Verlauf dieses Buches schon einmal begegnet sind, so muss er im Verlauf des Erfolges noch einmal zu Sprache kommen! Wir sind darauf bedacht, immer alles zu erfüllen und auch den Anforderungen des Lebens gerecht zu werden! Irgendwann kann das Ziel entweichen und sich die Frage stellen, wofür all das noch einen Sinn macht!

Doch so weit darf es gar nicht kommen! Fangen Sie schon jetzt an, Ihre Gedanken zu sortieren und niederzuschreiben. Jeden Morgen fünf Minuten haben Sie sicher. Das kann beim Kaffee passieren, oder sogar noch im Bett. Am besten da, wo Sie sich am wohlsten fühlen.

Sie fragen sich noch immer, was das alles für einen Sinn machen soll? Lassen Sie es einfach zu: Die Veränderung wird Sie überraschen.

Wenn Sie regelmäßig dieses Journal führen, werden Sie schon bald von einer besseren Stimmung profitieren. Ihr Leben kann in ganz anderen Farben strahlen und Sie noch glücklicher machen. Nachweislich werden Sie seltener krank sein und auch viel besser und beruhigter schlafen.

Wenn Schlafqualität und innere Einstellung sich verbessert

haben, ist auch das Erreichen von Zielen auf Ihrer Seite. Die Erfolge werden sichtbar und können noch schneller eintreten, als zuvor. Sie sind viel entschlossener, haben mehr Energie und sind voller Elan!

All diese Vorteile des Morgenjournals sind sogar wissenschaftlich erwiesen. Lassen Sie sich davon überzeugen und fangen Sie gleich morgen früh an. Doch seien Sie nicht zu voreilig. Denn alle guten Dinge im Leben brauchen ein wenig Zeit!

– Klare Zielformulierung und To-Do-Listen für gutes Gelingen

Vergessen Sie nie, warum Sie das alles tun! Der Alltag kann manchmal stark ablenken und das Wesentliche geht verloren.

Lassen Sie sich von diesem Strudel nicht gefangen nehmen und verlieren Sie das Wichtige nicht aus den Augen.

Auch hier kann Ihnen das Aufschreiben wieder helfen. Fertigen Sie zu Beginn eine Liste an, was Sie alles infolge Ihrer neuen Routine verändern können und möchten. Machen Sie sich klare Stichpunkte und setzen Sie einen Haken, wenn Sie Ihr Ziel erreicht haben.

Formulieren Sie ganz klar, was Sie möchten. Fassen Sie in Worte, wo Ihr Weg hingehen soll und wie das große Ziel aussehen soll.

Diese Schriften sagen Ihnen immer wieder, was einst ein

großer Ansporn und Beweggrund war. Ihr Ziel ist nun immer klar vor Augen. Legen Sie diese verfasste Liste griffbereit auf den Schreibtisch oder heften Sie die Aufzeichnungen an die Pinnwand.

Verlieren Sie es nie aus den Augen, denn das richtige Ziel ist der Weg!

Positive Affirmationen

Haben Sie dieses Wort schon einmal gehört? Wenn nicht, ist es keine Schande, denn jetzt bekommen Sie die Antwort. Bei Affirmationen handelt es sich um Beteuerungen, oder auch Glaubenssätzen, die wir uns selbst gegenüber haben.

Gute Zureden, dass Sie jeden Tag Ihr Bestes geben werden, gehören z.B. dazu und feuern Sie immer weiter an.

Es ist sehr wichtig, dass Sie versuchen, diese Beteuerungen jeden Tag anzuwenden, um Ihre neue Routine zu festigen. Auch wenn es für manche vielleicht seltsam klingt, sich selbst Mut zuzusprechen, hilft es doch enorm. Somit bejahen Sie, was Sie tun und geben sich selbst das „Okay", immer weiter zu gehen.

Was so einfach klingt, ist es aber leider nicht! Die meisten Menschen neigen dazu, das Negative zu sehen. Bei dem kleinsten Hindernis wandeln sich positive Affirmationen in negative um. Aber lassen Sie es nicht zu: Niemand ist gegen Sie und Sie können Ihr Leben selbst und völlig frei lenken und beeinflussen.

Es ist wichtig, dass Sie das Gute sehen und die hilfreichen Glaubenssätze in Ihr Leben lassen. Denn nur diese motivieren, bauen Sie seelisch so richtig auf und können Sie im besten Fall sogar beflügeln, vielleicht sogar ein kleines Risiko einzugehen.

Sie müssen Ihre Gedanken verändern! Wenn Sie dies können, und auch das braucht Zeit, können Sie neue Gewohnheiten viel leichter in Ihren Alltag einflechten.

Positive Affirmationen wirken sich unweigerlich auch auf Ihr Wohlbefinden aus und machen Sie glücklich. Negative Emotionen haben so keinen Platz mehr.

Zum besseren Verständnis noch kurz zusammengefasst:

Wie können Sie Affirmationen integrieren? In dem Sie diese guten Gedanken in Ihr Leben einbauen, wie einst die neue Gewohnheit. Drehen Sie das schlechte einfach um und sprechen Sie sich Mut zu!

Wieso ist es wichtig? Damit Sie schneller vorankommen und von einem guten Gefühl kosten können. Tanken Sie Kraft und sehen Sie das Gute in dem, was Sie tun! So können Sie Schritt für Schritt voranschreiten und werden nie den Mut verlieren. Motivation ist wichtig und sie sollte nie verlorengehen.

Mehr zu diesem Thema finden Sie in dem Bonus Kapitel am Ende des Buches, auf Seite 93.

*Wer Disziplin hält, weiß was er tut. Wer sich
diszipliniert verhält, weiß nur, was andere tun.*
© *Erhard Blanck (*1942)*

Stefan Sorger

IST ERFOLG GEWOHNHEIT?

Was ist Erfolg?

Wir alle kennen das Wort, doch wann denken wir einmal genau über seine Erklärung nach? Erfolg heißt, wenn Ziele, die wir uns setzen, auch erreicht werden. Diese können groß und schwer erreichbar sein, oder auch klein und einfach umzusetzen. Aber dies stellt für den positiven Effekt keinen Abbruch dar. Erfolg ist etwas Gutes: Egal, ob groß oder klein!

Viel wichtiger ist, was diese Ziele sind. Sie können ein höheres Einkommen darstellen, oder sich auf die Anerkennung eines bestimmten Menschen belaufen. Emotional oder materiell: Ziele sind so weit gefächert und unterschiedlich, wie die Menschen selbst!

Erfolg kann von einem Menschen allein gesucht werden, aber auch von einer ganzen Firma oder sogar einer Organisation. Manchmal kann die Anzahl der Menschen aber dazu führen, dass bestimmte Erfolge schneller erreicht werden, als allein.

Ganz nach dem Motto: Zusammen sind wir stärker! Im Sinne des Erfolges kann es oftmals zutreffen!

Gewohnheiten erfolgreicher Menschen

Sie streben nach Erfolg und möchten alles richtig machen. Sie möchten sich die richtigen Ziele setzen und diese natürlich auch so schnell wie möglich erreichen.

Sie kennen Menschen, die Erfolg magisch einzuziehen scheinen. Bei ihnen braucht es nicht viel Arbeit und schon sind Sie am Ziel Ihrer Träume. Zu gerne würden Sie auch so sein.

Auch wenn Sie denken, dass Sie mit diesen Personen niemals mithalten können, möchten Sie dennoch die Formel des Erfolges kennen.

Dann dürfen Sie sich jetzt glücklich schätzen: Sie haben des Rätsels Lösung gefunden!

Doch Sie werden überrascht sein: Erfolgreiche Menschen sind auch der Magie nicht mächtig. Ihre Gewohnheiten weichen nicht sonderlich ab!

– Sie konzentrieren sich auf konkrete Ziele

Ziele sind für den Erfolg natürlich unabdingbar. Ohne sie würden es kein Vorankommen geben. Erfolgreiche Menschen bleiben immer auf einer Linie. Sie gehen den Weg der Selbstfindung und reflektieren ihre Gedanken und Sehnsüchte wieder, bis Sie gefunden haben, wonach Sie suchen. Sie weichen nicht vom Ziel ab, sondern bleiben immer ganz klar auf Ihrer Richtung. Ganz gleich, wie schwer es auch wird: Es gibt kein

Aufgeben und auch keinen Halt. Der Weg ist das Ziel für diese Menschen.

Es ist wichtig, sich nicht von Gegebenheiten und den verschiedenen Einflüssen des Lebens immer wieder umstimmen und wegreißen zu lassen. Wichtig ist, auf dem einen Pfaden zu bleiben und seine Ziele und Wünsche nicht immer wieder umzustecken.

Erfolgreiche Menschen haben genau dies zu ihrer Gewohnheit gemacht und verfolgen stetig Ihren einen Plan!

– Motivation richtig einsetzen

Das Motivation wichtig ist und zum Erreichen eines jeden Zieles gehört, wissen Sie bereits. Doch warum ist das so? Wenn Sie verstehen, warum Sie diese Motivation brauchen und was sie alles für Sie macht, haben Sie schon wieder eine Gemeinsamkeit mit erfolgreichen Menschen. Diese Erkenntnis gibt Ihnen die nötige Kraft und sorgt für eine ausgeprägte Entschlossenheit.

Wenn Menschen richtig motiviert sind, und von Ihrem Traum nicht ablassen, egal, wie schwer es ist, können und werden sie auch erfolgreich sein. Es spielt keine Rolle, wie steinig der Weg ist. Irgendwann wird er wieder eben: Es braucht nur den richtigen Ansporn und einen großen Willen!

– Immer bestimmend sein

Jeder Mensch muss Entscheidungen treffen. Sie ziehen sich durch das ganze Leben. Manchmal sind diese recht einfach und ein anderes Mal wieder gar nicht so leicht zu treffen. Doch schlussendlich muss irgendwann das Ergebnis der Überlegungen folgen. Egal, ob es sich dabei um einen Ausgang mit einem großen Gewinn, oder auch einem Verlust handelt.

Erfolgreiche Menschen hadern nicht in ihren Überlegungen. Sie lassen sich nicht beirren und stehen zu ihrer Wahl. Auch sie sind nicht davor gewappnet, die falsche Wahl zu treffen, doch sie akzeptieren die Folgen.

Doch auch, wenn erfolgreiche Menschen zur Entscheidungsfindung oft allein sind, würden sie sich nie scheuen, auch um Hilfe zu bitten und diese anzunehmen. Denn es geht nicht darum, alles allein durchzusehen.

– Jede Chance zur Verbesserung nutzen

Wer nichts tun möchte, wird auch nicht erfolgreich sein. Wer sich immer wieder „hängen lässt" und lieber alles auf morgen verschiebt, wird nie seine Ziele erreichen können. Da nutzen auch Wünsche und Sehnsüchte nichts mehr.

Kurzum: Menschen mit Erfolg verfügen über Selbstbeherrschung. Auch sie kommen manchmal an ihre Grenzen und würden lieber die Seele baumeln lassen, aber sie können es sich einfach nicht erlauben. Es geht nur weiter voran, wenn Sie sich weiterentwickeln, neue Chancen ergreifen und alles wahrnehmen, was zu einer Verbesserung beitragen könnte.

Menschen mit Erfolg sind immer strebsam und haben die Angewohnheit, nie stehenzubleiben. Sie können immer besser sein, als sie gerade sind. Sie wachsen mit Ihren Handlungen und bauen das, was sie ohnehin schon sehr gut können, immer weiter aus.

Sie haben es sich also zur Gewohnheit gemacht, sich nie zufriedenzugeben, sondern immer weiter zu kämpfen. Verbesserung ist die oberste Devise.

- immer konzentriert bleiben

Ablenkung ist normal, aber sie hält auf. Wer sich zu leicht aus der Bahn werfen lässt, wird von Zweifeln und Verwirrung gefangen genommen. Unsicherheit kommt auf und schnell können sich Fragen nach dem Warum stellen. Dann ist nicht mehr klar, warum ein bestimmter Weg überhaupt gewählt wurde.

Vergleichbar ist es auch mit der Tatsache, immer alles anzufangen, aber nicht richtig zu beenden. Auch hier spielt die Unsicherheit eine sehr große Rolle und hält die Menschen auf!

Erfolgreiche Menschen wissen genau, was sie wollen. Wenn sie sich dessen nicht klar wären, würde es ihnen schwerfallen, ihre Ziele auch umzusetzen.

Ihre Gewohnheit verbirgt sich also darin, eine Aufgabe zu beenden, bevor sie mit der nächsten beginnen. Auch wenn es schwer wird, lassen sie nicht alles fallen, sondern kämpfen, bis das Ziel erreicht ist. Beharrlichkeit ist wichtig und zeichnet Menschen mit Erfolg in jedem Fall aus.

– täglich etwas Gutes tun

Auch wenn die tägliche Zeit oft mit Aufgaben gefüllt ist, verlieren erfolgreiche Menschen eines nicht aus den Augen: Sie sind nicht allein und es gibt Menschen, die Hilfe brauchen. Sie sehen Ihr Umfeld, trotz der vielen Arbeit und haben immer ein offenes Ohr.

Nebenbei ist es auch sehr gut für die innere Einstellung und das Gemüt, wenn andere Menschen durch das eigene Zutun glücklich sind.

Es gibt so viele Möglichkeiten, um anderen eine Freude zu machen. Das muss nicht einmal im Büro geschehen. Wann haben Sie das letzte Mal einem Hilfebedürftigen über die Straße geholfen? Schon hier verbirgt sich eine gute Tat. Oder wann haben Sie das letzte Mal einem guten Bekannten mit Rat und Tat zur Seite gestanden, obwohl Ihr Zeitplan eigentlich eng gesteckt war? Ihr Freund wird es Ihnen danken und Sie haben etwas Gutes getan!

Auch die kleine Hilfestellung im Büro, wenn ein Kollege nicht weiterweiß, ist ein täglicher Pluspunkt!

Das Gute versteckt sich in so vielen Dingen des Alltages. Wenn Sie langfristig erfolgreich sein möchten, lassen Sie dies zu einer Gewohnheit werden, die Sie unterstützt. So lernen Sie vielleicht sogar neue Menschen können, die Ihnen wiederum neue Wegbereiter sein können.

– sich Ruhe gönnen

Auch wenn Menschen mit Erfolg immer zu arbeiten scheinen, so wissen sie doch eines ganz genau: Ohne Ruhe können keine Ziele erreicht werden.

Was ein wenig seltsam klingt, ist aber eine Tatsache, die unbedingt beachtet und auch genutzt werden sollte.

Körper und Geist müssen entspannen und dies geht nur, wenn sie ausreichend Erholung erfahren. Jeder Mensch hat Grenzen, und wenn diese erreicht werden, heißt es, eine Zwangspause einlegen.

Es ist immer wichtig, das Ziel nicht zu vergessen und mit beiden Augen festzuhalten, doch manchmal muss der Blick auf abgewandt werden. Sonst wird es schnell zu einer Besessenheit, die auch nicht schneller zum Erfolg führt.

Erfolgreiche Menschen nehmen auch Abstand und betrachten die Dinge von weiter weg. So können sie ihre Gedanken sortieren und gewisse Handlungen vielleicht nochmal überdenken. Perspektiven können verändert und wieder neue Energie getankt werden.

Sie sehen, die Gewohnheiten erfolgreicher Menschen sind keine Zauberei und können durchaus erlernt werden. Vielleicht nennen Sie selbst schon die ein oder andere Gewohnheit Ihr Eigen: Wunderbar, denn dann sind Sie auf einem guten Weg, ebenfalls Ihre Ziele erreichen zu können und ein erfolgreicher Mensch zu sein!

Gewohnheiten unterstützen und weiterentwickeln

Eine gute Gewohnheit zu entwickeln, ist kein Leichtes. Das haben Sie im Verlauf dieses Buches schon erfahren. Auch das Halten und Anwenden kann Sie vor Probleme stellen. Doch mit viel Durchhaltevermögen und Willen könnten Sie all das erreichen!

Und dennoch: Erfolgreichen Menschen geht es nicht anders. Auch sie müssen immer wieder an Ihren Gewohnheiten arbeiten. Die Festigung dieser Routine fällt auch Ihnen nicht leicht. Sie halten an Ihren Wünschen fest und können mithilfe des strukturierten Denkens sehr viel schaffen.

Sie können so intensiv an sich arbeiten, bis Erfolg bei Ihnen zu einer Art Routine wird. Doch es ist ein langer Weg. Aber unmöglich ist er nicht, auch nicht für Sie!

Möchten auch Sie, dass Erfolg vielleicht schon bald ein fester Bestandteil in Ihrem Leben ist und sie diesen sogar als eine Art Gewohnheit bezeichnen können?

Tauchen Sie in die Welt des Erfolges ein und lassen Sie sich von den Möglichkeiten mitreißen.

1. Möglichkeit: Früh aufstehen und Morgensport

Wer erst mittags aufsteht, hat schon den halben Tag verpasst: das ist eine Tatsache. Frei nach dem Motto: Der frühe Vogel fängt den Wurm. Was lustig klingt, ist bittere Wahrheit.

Wer zu lange wartet, wird keine Erfolge feiern können und das zählt auch für jeden einzelnen Tag.

Wie ist es um Ihr Schlafverhalten und Ihre ersten Tätigkeiten am Morgen bestellt? Wenn Sie jeden Abend erst sehr spät ins Bett gehen, werden auch Sie sicherlich auch erst spät aufstehen. Körperliche Aktivitäten rücken dann in den Hintergrund.

Doch wie können Sie einen Weg aus diesem Kreislauf finden? Denn wenn Sie früh aufstehen und sogar ein wenig Morgensport betreiben, starten Sie ganz anders in den Tag. Sie sind ausgeglichener, voller Tatendrang und können viel mehr schaffen! Der Erfolg könnte auf Ihrer Seite sein: Versuchen Sie es einfach!

Es geht nicht darum, von heute auf morgen pünktlich um 6 Uhr die Rollläden hochzuziehen (es sei denn, die Arbeit ruft). Schritt für Schritt kommen Sie auch ans Ziel. Für den Beginn reicht es, wenn Sie ungefähr 15 Minuten eher aufstehen sonst. So können nicht nur Sie, sondern auch Ihr Körper sich an die kleine Umstellung gewöhnen. Sonst könnten Schlafmangel und negative Emotionen die Folge sein. Wenn Sie dies eine Weile gemacht haben, können Sie weiter voranschreiten und die neue Zeit ganz effektiv nutzen: mit Morgensport. So erfahren Sie noch mehr Motivation, entspannen sogar Ihren Körper und bringen ihn ins Gleichgewicht. Diese 15 Minuten, die Sie jetzt geschenkt bekommen haben, reichen schon aus. Es geht nicht um ein intensives und schweißtreibendes Programm, sondern um Übungen, die Sie glücklich machen. Yoga wäre z.B. eine Alternative.

Wenn Sie beide Punkte gut kombinieren konnten und sich über mehrere Wochen auch richtig gut damit fühlen, können Sie es sogar noch weiter ausbauen.

Stellen Sie Ihren Wecker jetzt nochmals 15 Minuten früher. Somit stehen Sie schon eine halbe Stunde eher auf, als zu Beginn dieses Gewohnheitswechsels. Jetzt kommt es wieder auf Ihr Gefühl an. Bleiben Sie so lange dabei, bis Sie richtig zufrieden sind. Sie können, wenn Sie möchten, den Morgensport weiter ausbauen. Eine Runde Joggen würde nun eine halbe Stunde am Morgen wunderbar ausfüllen.

Doch vergessen Sie auch eines nicht: Zwingen Sie sich nicht, am Abend zur alten Zeit schlafen zu gehen. Sie sind jetzt bedeutend eher aktiv. Eine halbe Stunde kann sehr viel ausmachen und auch der Morgensport fördert nicht nur, sondern fordert auch den Körper. Gehen Sie also ins Bett, wenn Sie müde sind. Schauen Sie dabei nicht unbedingt auf die Uhr und hören Sie auf Ihre innere Stimme. Diese wird Ihnen sagen, wann es Zeit ist. In der Regel sollten Sie mindestens sieben Stunden (grober Richtwert) schlafen, um gute Leistungen vollbringen zu können.

Anfänglich wird Ihnen auch das frühere Schlafengehen nicht unbedingt leichtfallen. Warum auch? Sie waren es gewohnt, immer spät ins Bett zugehen. Ihr Körper muss sich an den neuen, wenn auch nur leicht veränderten Tag-Nacht-Rhythmus erst einmal gewöhnen. Denn es ist alles eine Frage der richtigen Routine! Wichtig ist, dass Sie für sich den richtigen Ablauf finden. Vielleicht möchten Sie die Zeiten noch verändern, oder den gewählten Sport durch ein anderes Training ersetzen. Die Entscheidung liegt bei Ihnen. Sie müssen sich wohlfühlen und optimal in den neuen Tag starten können.

Die tägliche Wiederholung Ihres Handelns ist jedoch immer wieder das A und O und Garant für den Erfolg. Und seien Sie sich sicher: Jeder Mensch, dessen Leben von Erfolg gekrönt ist, muss ausreichend schlafen, um die besten Leistungen vollbringen zu können.

2. Möglichkeit: Essen und Sport

Diese Variante geht mit Möglichkeit 1 Hand in Hand. Denn ohne eine gesunde Ernährung und eine ausreichende körperliche Fitness ist guter Rhythmus am Tag nur sehr schwer möglich. Doch was ist gesunde Ernährung? Wann sollte diese eingenommen werden und wo?

Der Körper braucht ausreichend Flüssigkeit. Ungefähr zwei bis drei Liter am Tag. Diese lässt sich aber nicht nur in Getränken, sondern auch vielen Speisen finden. Obst und Gemüse ist z.B. sehr wasserhaltig. Wichtig ist auch, die Art des Getränkes. Kaffee zählt nur bedingt. Wasser eignet sich am besten. Ansonsten Getränke ohne viel Zucker. Säfte schmecken z.B. sehr gut, aber enthalten oftmals sehr viel Zucker. Dieser ist in Maßen natürlich in Ordnung, es sollte aber nicht zu viel sein. Obst und Gemüse nimmt Platz zwei der Liste ein. Täglich einen Apfel kann schon wahre Wunder wirken. Gemüse zu den Mahlzeiten sieht nicht nur schön bunt auf dem Teller aus, sondern schmeckt auch noch sehr gut. Getreideprodukte sind ebenfalls sehr wichtig. Hierbei sollten Sie zu Vollkornprodukten greifen. Diese enthalten mehr Ballaststoffe und sind verträglicher für den Körper. Auch Fleisch ist wichtig, denn es enthält Eisen und gibt dem Körper Kraft. Wenn Sie Vegetarier sind, können Sie diesen „Mangel" mit anderen pflanzlichen Produkten auch problemlos ausgleichen. Nur die vegane Ernährung sollte mit Vorsicht genossen werden. Süßes ist natürlich auch erlaubt, nimmt aber den kleinsten Stellenwert in der Ernährung ein.

Kurzum: Eine gesunde Ernährung setzt sich aus ausreichend Ballaststoffen, Kohlenhydraten und auch Fetten zusammen. Denn hier finden Sie Energie und Kraft und sorgen für ein ausgeglichenes Gefühl im Magen-Darm-Bereich.

Doch wann sollten diese Mahlzeiten eingenommen werden: Auch hier zählt die Regelmäßigkeit. Drei Mahlzeiten am Tag sollten eingehalten werden, um einen guten Rhythmus für den Körper zu wahren. Denn wenn Mahlzeiten ausgelassen werden, herrscht auch irgendwann ein Ungleichgewicht im Magen-Darm-Trakt. Sie sind nicht leistungsfähig und fühlen sich unwohl. Im Umkehrschluss ist es auch nicht möglich, sportlich aktiv zu sein! Wie schon beim Morgensport geht es nicht darum, dreimal die Woche das Fitnessstudio zu besuchen, sondern vielmehr um eine körperliche Aktivität, die angenehm für Sie ist. Denn hier kommen Sie wieder ins Gleichgewicht, können evtl. Grübeln vorbeugen und ernten Glückshormone! Genau, Sie haben richtig gehört: Sport macht nachweislich glücklich und Sie haben wieder einen freien Kopf für neue Gedanken und Ideen.

Kleiner Hinweis: Essen Sie nie im Stehen und schon gar nicht in Bewegung. Nehmen Sie sich stets Zeit für Ihre Mahlzeit und vermeiden Sie den Imbiss unterwegs. Versuchen Sie, nach Möglichkeit, frisch zu kochen. Denn nur dann wissen Sie, was Sie auf dem Teller haben und können mit ruhigen Gewissen Ihre Mahlzeit zu sich nehmen.

Ihr Körper wird es Ihnen danken und Sie sind voller Elan und auf der Erfolgsspur.

3. Möglichkeit: Lesen, Bildung und Spiritualität

Bildung ist für den Erfolg enorm wichtig. Wenn Sie eine gesunde Neugierde besitzen und immer mehr erfahren möchten, sind Sie auf einem guten Weg. Bleiben Sie immer am Ball und hinterfragen Sie die Dinge.

Sie möchten einen einfacheren Weg gehen, haben eine Idee, oder suchen nach einer neuen Herausforderung? Dann greifen Sie zu einem Buch, das Ihnen die Antwort gibt. Stöbern Sie in den sozialen Medien und finden Sie die Antworten, die Sie schon lange gesucht haben. Bildung ist wichtig, für Sie und auch Ihre Zukunft. Denn dann können Sie wirkliche Erfolge feiern. Sie wissen, wovon Sie reden, können Fragen beantworten, ohne Ihr Umfeld erst vertrösten zu müssen! Die Welt hat so viel zu geben und es gibt so viel zu erfahren! Ist das nicht ein Gedanke der schon Lust auf mehr Wissen macht?

Doch die Aufnahme von Bildung erfordert auch die Erweiterung des Geistes. Es wenn dieser entspannt ist, und Sie offen für Neues sind, können Sie auch nachhaltig lernen. In der Spiritualität der Welt finden Sie die Lösung, die Sie suchen. Sie kann Ihre Seele öffnen und Sie bereit für das Wissen machen, was Sie brauchen. Doch es ist wichtig, dass Sie es wirklich wollen. Schritt für Schritt ist die Devise und führt Sie mit einer guten Disziplin zum Ziel. Schauen wir uns diese große Lehre am Beispiel des Einkommens.

Sie möchten ein Unternehmen erweitern, oder von einem

größeren Verdienst am Monatsende profitieren? Dann könnten Sie so vorgehen:

- Ihr Vorhaben soll helfen, voller Freude Geld zu verdienen. (Dieser Gedanke ist sehr wichtig, sonst ist es nur ein Hobby, was wiederum eine Abstufung für den Erfolg bedeutet). Dieser Gedanke sollte intensiv und klar verfolgt werden und der Wunsch nach höheren Einnahmen nicht aufhören. Es soll ethisch verwahrt werden und nicht für unnütze Dinge ausgegeben werden. Was für Sie einfach klingt, muss aber sicher im Gewissen verankert sein. Ihr Geist muss es verstehen, um keinen anderen Weg gehen zu können.

- Das Vermögen soll Freude machen. Dabei stehen nicht nur Sie im Mittelpunkt, sondern auch andere. Auch wenn es am Anfang einer Tätigkeit nicht immer leicht ist, gerade im Freelancer-Bereich, sollte das Ziel immer klar vor Augen sein. Der Wunsch, Fixkosten zu denken, auch noch einen Betrag zur Verfügung zu haben, ist das oberste Ziel. Und mit Ruhe und Gelassenheit auch erreichbar. Die innere Einstellung und der Wille kann Berge versetzen.

- Ihre Idee ist rückwirkend von großer Bedeutung und Nutzen. Es ist wichtig in die Tiefen zu gehen, und genau über das nachzudenken, was Sie hinterlassen. Es sollte prägen und bei anderen Menschen im Gedächtnis bleiben. Dann haben Sie auch gute Chancen auf einen Erfolg. Finden Sie Ihre innere Mitte. Hinterlassen Sie eine Spur, die andere ebenfalls zurückblicken lässt. Bleiben Sie mehr als eine Erinnerung, sondern ein Mensch, der immer gerne aufgesucht wird.

Spiritualität und Gelassenheit verbirgt sich schon in Gedanken, die für Sie vielleicht bis eben noch völlig normal waren. Die ruhige Sicht auf die Dinge ist entscheidend, dass genaue Überdenken und der Wille, niemals aufzugeben.

Finden Sie den inneren Kreis, bleiben Sie bei sich und seien Sie einfach Sie selbst!

4. Möglichkeit: Bleiben Sie sozial

Zusammen sind Sie immer stärker als einmal. Wie schon in der vorangegangenen Möglichkeit gelesen, ist es wichtig, nicht allein zu bleiben. Gedanken eines anderen allein, helfen Ihnen leider nicht weiter. Schaffen Sie etwas, was positiv im Gedächtnis bleibt und bringen Sie sich ins Gespräch. Werbung kann hier große Wunder bewirken und in einem modernen Zeitalter wie diesem, ist die Verbreitung über das Internet ein Kinderspiel geworden. Es gibt zahlreiche soziale Netzwerke, die ein Sprungbrett zu etwas ganz Großem sein können. Hier können Sie sich in Szene setzen und der Welt zeigen, was in Ihnen steckt. Doch nicht nur das!

Sie haben Fragen um Ihr Business? Dann sind Sie hier genau richtig. Es wird immer einen Menschen geben, ganz gleich wo, der Ihnen helfen kann und auch wird. Es braucht nur eine Frage und die richtige Website. Antworten sind wichtig und kostbar und bringen Sie weiter.

Bringen Sie Ihre Ideen in die Welt und behalten Sie diese nicht länger für sich. Gehen Sie auch ruhig mal ein Risiko ein, denn manchmal geht es ohne einfach nicht. Denn ansonsten fragen Sie sich immer wieder, was geschehen wäre, wenn Sie diesen einen Weg nicht gegangen wären. Was hätte aus Ihren Vorstellungen werden können, wenn Sie diese eine Frage doch gestellt hätten? Wie hätte es Ihr Leben verändert, wenn Sie es mit ein bisschen mehr Werbung versucht hätten?

Die Welt des Netzwerkes ist groß und hält für große und kleine Unternehmer Hilfen und Unterstützung bereit. Wichtig ist, diese zu erkennen und auch annehmen zu wollen!

Träume müssen keine Träume bleiben, sondern sollten immer eine Erfüllung finden. Egal, wie lange es dauert und wie abwegig es auch ist: Glauben Sie daran, schöpfen Sie den Erfolg aus und ziehen Sie ihn auf Ihre Seite.

Das Geheimnis des Erfolges liegt in der Beständigkeit des Ziels.

**Benjamin Disraeli
(1804 - 1881)**

Stefan Sorger

SCHLUSSWORT

Gewohnheiten: Ein Feld, welches unergründlich scheint. Kaum denkt man, es gäbe nicht mehr zu entdecken, versteckt sich doch noch eine Gewohnheit, die so noch völlig ist. Ob gut oder schlecht: Sie gehören zum Leben und machen es einzigartig und zu dem, was es ist. Dennoch sollten Sie immer Acht geben, dass die negativen Gewohnheiten nicht die Oberhand gewinnen. Wenn Sie vermehrt schlechten Stimmungen wahrnehmen, ist es an der Zeit, etwas zu verändern. Geben Sie nicht auf, auch wenn der Weg nicht ganz einfach ist. Sie haben so Kraft in sich, die noch entdeckt werden kann. Auch wenn es lange dauern kann, bis eine schlechte Gewohnheit bekämpft ist, so lohnt es sich in jedem Fall. Jeder Tag des Kampfes ist ein großer Erfolg und Sie dürfen dankbar sein, dass Sie es geschafft haben!

Eine Veränderung eines Alltages, der schon lange auf diese Weise gelebt wurde, wird nie leicht sein. Wer gibt schon gerne etwas auf, was er jeden Tag gerne an seiner Seite hatte? Doch Sie kennen nun die richtigen Schritte. Wenn Sie Stück für Stück vorgehen, können Sie auch irgendwann aus Ihrer Spirale ausbrechen und voller guter Emotionen zurückblicken. Ist dies erst einmal geschafft, haben Sie auch genug Mut, die neue Veränderung auch auf Dauer aufrecht zu erhalten. Halten Sie daran fest und denken Sie immer wieder an Ihren Kampf zurück. Sie haben schon so viel geschafft!

Atmen Sie tief durch und üben Sie sich immer wieder in Selbstdisziplin. Denn hier verbirgt der Schlüssel. Nur wenn Sie täglich an sich arbeiten und nie aus den Augen verlieren, was möchten, sind Sie auf einem guten Weg. Nutzen Sie die Möglichkeiten, um richtig stark zu bleiben. Seien Sie dankbar, halten Sie Ihre Wünsche fest und schreiben Sie Ihre Ziele nieder. Wenn Sie diese Gedanken immer wieder sehen, sind Sie auch allgegenwärtig.

Wenn Sie immer wieder an Ihren Zielen und Hoffnungen festhalten, können Sie auch erfolgreich sein. Denn Erfolg ist nichts, was einem Menschen in die Wiege gelegt wurde. Jetzt wissen Sie, wie es gehen kann und das mit ein wenig Interesse und Neugierde machen Sie schon die ersten Schritte. Setzen Sie sich ruhig in Szene und glauben Sie an Ihre Vorstellungen. Seien Sie mutig und behalten Sie Gedanken nicht für sich. Auch wenn Sie ab und an negative Äußerungen hören müssen, haben Sie noch keine schlechte Idee. Es war einfach nur der falsche Gesprächspartner!

Lassen Sie sich nicht beeinflussen und gönnen Sie sich nach

derlei Rückschlägen ein wenig Ruhe. Tanken Sie die Gelassenheit, die Sie zum Weiterkommen brauchen. Sie haben es sich verdient und können nur dann wieder richtig erfolgreich durchstarten.

Nutzen Sie Ihre Gewohnheiten, wie Sie Ihnen gegeben sind und leben Sie Ihr Leben, wie Sie es möchten. Machen Sie aus einer schlechten Routine etwas Gutes und sehen Sie in den negativen Dingen auch manchmal etwas Positives!

Es ist Ihr Leben und es ist schön und einzigartig: So wie es ist.

Stefan Sorger

BONUS KAPITEL

Positive Affirmationen wirken sich unweigerlich auch auf Ihr Wohlbefinden aus und machen Sie glücklich. Negative Emotionen haben so keinen Platz mehr.

Eine Affirmation ist ein selbstbejahender Satz, den wir uns selbst wieder und wieder sagen, um unsere Gedanken umzuprogrammieren.

Positive Affirmationen, sind ein praktischer Weg zu Wachstum, Veränderung und Heilung.

Es gibt 3 Arten von Affirmationen:

1. Zustands Affirmationen: „Ich lebe das Leben meiner Träume."

Zustands Affirmationen beschreiben immer einen Zielzustand (ich bin oder ich habe).

2. Prozess Affirmationen: „Ich entwickle mich immer weiter."

Prozess Affirmationen lenken Ihren mentalen Fokus nicht

auf ein Ziel, sondern auf eine Entwicklung (immer mehr oder mit jedem Tag).

3. Gekoppelte Affirmationen: „Immer, wenn ich nicht weiterweiß, oder niedergeschlagen bin, frage ich mich für was ich dankbar bin."

Gekoppelte Affirmationen durchbrechen immer eine unerwünschten Denkroutine mit einem neuen Gedanken oder einem Glücksumstand (immer wenn oder sobald).

Wir geben Ihnen als Bonus eine Liste mit Beispielen von Affirmationen, die Sie in Ihre täglichen Routine einbauen können und somit nach kurzer Zeit zu einer festen Gewohnheit werden soll.

- Ich Schafe alles was ich mir vornehme.
- Was ich mache, mache ich mit 100%. So lange bis das Ergebnis 100% ist!
- Wenn ich mich nicht aufhalte, hält mich nichts und niemand auf.
- Mein Ehrgeiz macht mich unabhängig und frei.
- ICH gebe jeden Tag 110%.
- Mit jedem Tag werde ich besser.
- Ich verdiene es in Wohlstand zu leben.
- Ich arbeite hart für meine Ziele.
- Ich verdiene es erfolgreich zu sein.
- Ich bin kreativ und ehrgeizig.

Gewohnheiten

- Ich habe die Disziplin meine Ziele zu erreichen.
- Ich bin stolz auf meinen bisherigen Erfolg.
- Ich gestalte mein Leben so wie ich es will.
- Alles was ich erreiche verdiene ich.
- Ich werde jede Hürde meistern.
- Ich bin dankbar für meinen Partner.

LIEBER LESER, DANKE FÜR IHREN KAUF.

AMAZON REZENSIONEN SIND DIE GRUNDLAGE FÜR DEN ERFOLG BEI AMAZON, DAHER WÜRDE ICH SIE BITTEN, DASS SIE UNS FEEDBACK ZU DIESEM BUCH IN FORM EINER REZENSION GEBEN.

Für weitere interessante und kostenlose Inhalte

besuchen Sie unsere Facebookseite:

https://www.facebook.com/ContinousProgression/

IMPRESSUM

Angaben gemäß § 5 TMG

Stefan Sorger vertreten durch Georg Basta

Rathenaustraße 130

80937 München

Kontakt

E-Mail: g.basta.it@gmail.com

Umsatzsteuer

Umsatzsteuer-Identifikationsnummer

gemäß §27 a Umsatzsteuergesetz: DE319972336

Schauen Sie sich auch meine anderen Bücher bei Amazon an:

Rhetorik Training

Erobern sie die Bühne

https://amzn.to/2HBv32c

Konzentration

Erfolg durch Fokus und Konzentration

https://amzn.to/2VJETTr

Meditation für Anfänger

Mit Achtsamkeit zu mehr Energie, Glück und Gelassenheit im Leben

https://amzn.to/2HArPMh

42483474R00061

Printed in Poland
by Amazon Fulfillment
Poland Sp. z o.o., Wrocław